Volker Schwarzkopf

Arm dran!?

Kopiervorlagen zum Thema Armut, Reichtum und Teilen

Sekundarstufe I

Vandenhoeck & Ruprecht

Das brennt mir auf der Seele

Herausgeber der Reihe: Reiner Andreas Neuschäfer

Bibliografische Information der Deutschen Nationalbibliothek

Die Deutsche Nationalbibliothek verzeichnet diese Publikation in der Deutschen Nationalbibliografie; detaillierte bibliografische Daten sind im Internet über http://dnb.d-nb.de abrufbar.

ISBN 987-3-525-77647-6

Printed in Germany.
Satz: textformart, Daniela Weiland, Göttingen
Druck und Bindung: ⊕ Hubert & Co, Göttingen

Gedruckt auf alterungsbeständigem Papier.

Inhalt

Zum Gebrauch dieses Heftes

„Arm dran“: Wer das sagt, sieht Menschen hungern, leiden, trauern, resignieren oder entrechtet. Mitleid und Ohnmacht, aber auch Überheblichkeit und Verachtung können hinter einer solchen Aussage stecken.

Nach dem Motto „Kleine Taten, die man ausführt, sind besser als große, die man plant“ (G. C. Marshall) möchte dieses Heft Möglichkeiten aufzeigen, verschiedene Facetten von Armut offen zur Sprache zu bringen. Darüber hinaus werden Impulse, Informationen und Ideen vorgestellt, wie man der Armut konkret begegnen kann. Bestehende Vorurteile und Fehleinschätzungen können so thematisiert und überwunden werden. Der oft enge Blick auf die eigene „kleine Welt“ soll geweitet und durch neue Einsichten bereichert werden. Dass wirklich jeder etwas kann, jeder wertvoll ist und die Gemeinschaft bereichern kann, sollen die Schülerinnen und Schüler nicht nur – aber auch – in ihrer Lebenswelt „Schule“ tagtäglich erleben.

Das brennt mir auf der Seele – die Reihe

Lehrer und Lehrerin sein – dass das weit über das Vermitteln des Unterrichtsstoffs hinausgeht, ist allen Beteiligten klar. Die Schülerinnen und Schüler bringen ihren Alltag mit in die Schule, ihre Freuden und Sorgen, ihr Leid. Das mag den Unterricht bisweilen „stören“ – das Lernen fürs Leben aber wird es fördern, wenn, ja wenn solche Themen aufgegriffen und pädagogisch und menschlich ernst genommen werden.

Die Reihe „Das brennt mir auf der Seele“ bietet Materialien, die es ermöglichen, die „typischen Seelenschmerzen“ von Jugendlichen zu thematisieren, aufzuarbeiten und Lösungsimpulse bereitzustellen – präventiv im Klassen- oder Projektunterricht oder auch aus gegebenem Anlass.

Die Kopiervorlagen sind thematisch gruppiert, in der Regel aber einzeln verwendbar. Sie bieten Texte, Impulse, Bilder zur individuellen Auseinandersetzung – allein oder zusammen mit anderen; sie sind also zur Einzel- wie zur Partner- oder Gruppenarbeit einsetzbar. Bei Fragen der Seele sind Antworten kaum je „fertig“ oder einfach als „richtig“ oder „falsch“ zu kategorisieren. Dementsprechend bedarf es keiner Einzelevaluation der Blätter. Angeboten wird aber ein Auswertungsbogen für das Ende einer möglichen Unterrichtsreihe oder Projektwoche, der nach längerer Beschäftigung mit dem Thema danach fragt, welchen Weg der oder die Einzelne gegangen ist und welche Erfahrungen und Eindrücke „hängen geblieben“ sind.

Wer keinen Sinn im Leben sieht,
ist nicht nur unglücklich,
sondern kaum lebensfähig.

Albert Einstein

Zur Sache: Armut, Reichtum und Teilen

Inmitten einer Wohlstandsgesellschaft leben junge Menschen, für die Armut nicht nur real, sondern auch selbstverständlich ist.

Viele sind arm an Liebe, Zeit, Frieden, Mitgefühl, Hilfsbereitschaft, Solidarität und elementarem Wissen. Etliche Kinder kennen sich bestens mit der neuesten Spielkonsole aus, aber über gesunde Ernährung wissen sie nur wenig. In die Befriedigung der (zumeist medialen) Bedürfnisse wird viel Geld investiert; weniger in Bildung, Gesundheit und angemessene Ernährung. Immer mehr Familien sind mit den Anforderungen einer „modernen" Zeit überfordert, nicht zuletzt weil die Halt gebenden familiären, religiösen und gesellschaftlichen Strukturen immer brüchiger werden. Auch der Staat zieht sich oft aus der Verantwortung zurück oder instrumentalisiert Armut für seine Zwecke. Armut ist allerdings schon immer Teil des Menschseins gewesen. Lediglich der Umgang mit ihr hat sich verändert. Es fehlt heute oft an Resilienz, Kraft und Mut, gegen die Armut etwas zu unternehmen, einander das Leben gegenseitig zu bereichern und miteinander zu teilen. Manche Menschen werden von der Gesellschaft abgehängt, manche hängen sich selber ab. Das „Opfer"- oder „Verlierer-Sein" wird z. T. sogar kultiviert, von „Ghetto-Rappern" besungen und glorifiziert (Sido: „Ich hab' die Schule verkackt und zwar so schlecht wie keiner! Ich hab nichts gelernt, doch Mama bleibt korrekt!"). So erleben viele in der Schule immer wieder Kinder und Jugendliche, die zwischen Versagens- und Omnipotenzfantasien hin und hergerissen sind.

Ich glaube, dass es eine besondere Herausforderung unserer Zeit ist, in einer sich um die Seele sorgenden Schulkultur unseren Schülerinnen und Schülern ihre Würde, die ihnen als Gottes Geschöpfe innewohnt, zurückzugeben und mit ihnen einen tragfähigen Lebenssinn und belastbaren Glauben ins Spiel zu bringen. Für diese Aufgabe wünsche ich Ihnen alle erdenkliche Kraft und Zuversicht von dem, der „für uns arm wurde" (2. Korinther 8,9).

Volker Schwarzkopf — im Advent 2009

Arm dran?!

Arm dran ist, wer …

… keine Arbeit hat. … ohne Liebe ist. … keine Freunde hat.

… ohne Heimat ist. … keine Markenklamotten hat.

… keine Playstation hat. … behindert ist.

… ohne Hoffnung ist. … unmusikalisch ist. … Opfer ist.

… ohne Glaube ist. … seine Muttersprache nicht beherrscht.

… keinen Vater hat. … zu dick ist. … abhängig ist.

… keine Mutter hat. … ein Kopftuch trägt. … gemobbt wird.

… einen Menschen verloren hat. … ein Mädchen ist. … faul ist.

… arbeiten muss. … ein Junge ist. … von Hartz IV lebt.

… keine Erziehung genossen hat. … nicht lesen kann.

… nicht zur Schule gehen kann. … zwangsverheiratet wird.

… vernachlässigt wird. … unsportlich ist. … krank ist.

Kommentiere die Behauptungen: Benutze „!", wenn du zustimmst
(z. B.: ! = stimmt manchmal, !! = stimmt meist, !!! = Volltreffer)
oder „?", wenn du dir nicht sicher bist.
Aussagen, die du nicht unterstützt, streiche durch.

Das fehlt mir …

… ____________________________________

… ____________________________________

Arm oder reich?

Wer ist eigentlich arm, wer reich? Hier ist es nicht so einfach, eine klare Antwort zu geben. Was unter Armut zu verstehen ist, ist umstritten und unterliegt nicht selten einer politisch motivierten Deutung. Und ob man sich arm oder reich fühlt, hat nicht immer etwas mit dem Geldbeutel zu tun. Trotzdem gibt es einen EU-genormten Armutsbegriff: Wer weniger als 60 % des mittleren Nettoeinkommens verdient (2005: 1.302 €), gilt als von Armut bedroht; bei weniger als 50 % gilt man als arm. Nach dem Armutsbericht der Bundesregierung, der die 60 %-Schwelle ansetzt, waren 2005 13 % aller Bundsbürger von Armut bedroht; ohne Sozialleistungen wären es 26 % gewesen. Hiernach ist in Deutschland jeder Achte von Armut bedroht. Dies liegt leicht unter dem EU-Durchschnitt (16 %). In Deutschland gilt man übrigens als reich, wenn man mehr als 3.418 € zur Verfügung hat.

Meine Definition
von „Armut“:

Recherchiere die aktuellen Zahlen und zeige auf, welche „Personengruppen“ besonders von „Armut“ bedroht sind.
Die oben genannten Werte werden oft als willkürlich bezeichnet, da sie nur relative Armut abbilden, keine existenzielle.

Erkläre diesen Unterschied.

Ist das gerecht?

Ein paar Zahlen und Fakten zum Thema
„Armut, Reichtum und Teilen“

- Weltweit hungern 923 Millionen Menschen oder sind chronisch unterernährt.
- 1,3 Milliarden Menschen haben keinen ausreichenden Zugang zu sauberem Wasser.
- Alle drei Sekunden stirbt ein Kind an den Folgen von Hunger und Unterernährung.
- Mit der heutigen Nahrungsmittelproduktion könnte die doppelte Weltbevölkerung ernährt werden.
- Bis zu 500.000 Kinder erblinden jedes Jahr durch Mangel an Vitamin A.
- Ca. 158 Millionen Kinder werden weltweit als Kinderarbeiter ausgebeutet.
- Mehr als 40 Millionen Menschen tragen den Virus, der zur Immunschwäche AIDS führt, in sich.
- Bereits über 15 Millionen Kinder haben einen oder beide Elternteile durch AIDS verloren.
- Über 100.000 Mal jährlich wird einem Kind durch Abtreibung kein Leben gegönnt.
- Frauen erhalten weltweit durchschnittlich 20 % weniger Lohn für ihre Arbeit als Männer.
- 500.000 Frauen sterben jährlich wegen mangelnder medizinischer Betreuung in der Schwangerschaft oder bei der Geburt.
- 1,2 Milliarden Menschen müssen pro Tag mit weniger als einem US-Dollar auskommen.
- 2,6 Milliarden Menschen müssen pro Tag mit weniger als zwei US-Dollar auskommen.
- Ca. 121 Millionen Kinder besuchen keine Schule.
- Weltweit werden 200 Millionen Christen aufgrund ihres Glaubens verfolgt.
- Fast 850 Tafeln unterstützen knapp eine Millionen Menschen in Deutschland.
- Jedes sechste Kind in Deutschland lebt in Armut oder ist davon bedroht.
- Jedes vierte Kind in Nordrhein-Westfalen fällt durch den Sprachtest für 4-Jährige.
- 11 % aller Kinder in Deutschland leiden an krankhaftem Übergewicht.
- Zwei Drittel aller Förderschüler sind Jungen.

Kreise den Punkt ein, der dir am wichtigsten ist oder über den du als erstes „gestolpert“ bist. Stelle hierzu ausführliche Recherchen an (Internet, Tagespresse, …) und werde hierfür „Experte“. Versorge deine Mitschülerinnen und Mitschüler mithilfe eines Plakats mit aktuellen Zahlen und Hintergrundinformationen.

Reichlich arm – mehr als eine Bezeichnung

In der Bibel kommt das Wort „arm“ oder „Armut“ oft vor, z. B. im hebräischen Wort *ani*, das sich von *anah* (= antworten) ableitet. Arm ist demnach jemand,
… der abhängig ist,
… der sich an einen anderen dranhängen muss,
… der gezwungen ist, einem anderen Antwort zu geben.

Welches andere der folgenden Wörter kommt *diesem* Wortsinn von „arm/Armut“ am nächsten? Streiche mindestens drei Wörter an, die deiner Meinung nach besonders gut passen. Vergleicht eure Ergebnisse

arm =		reich =
	verbittert	________________
	bemitleidenswert	________________
	Looser	________________
	vereinsamt	________________
	elendig	________________
	leidend	________________
	fremd	________________
	unglücklich	________________
	jammervoll	________________
	unnütz	________________
	wertlos	________________
	dankbar	________________
	bedrückt	________________
	unterfordert	________________
	mit leeren Händen dastehen	________________
	billig	________________

Versuche, die Felder der rechten Spalte mit „Gegenwörtern“ zu füllen.

Eine Rose (I)

Rainer Maria Rilke (1875–1926) ging in der Zeit seines ersten Pariser Aufenthaltes regelmäßig über einen Platz, an dem eine Bettlerin saß, die um Geld bat. Ohne je aufzublicken, ohne ein Zeichen des Bittens oder Dankens zu äußern, saß die Frau immer am gleichen Ort.

Rilke gab nie etwas, seine französische Begleiterin warf ihr häufig ein Geldstück hin. Eines Tages fragte die Französin verwundert, warum er ihr nichts gebe. Rilke antwortete: „Wir müssen ihrem Herzen schenken, nicht ihrer Hand."

Wenige Tage später brachte Rilke eine eben aufgeblühte weiße Rose mit und legte sie in die offene, abgezehrte Hand der Bettlerin. Da geschah das Unerwartete: Die Bettlerin blickte auf, sah den Geber, erhob sich mühsam von der Erde, tastete nach seiner Hand, küsste sie und ging mit der Rose davon.

Eine Woche lang war die Alte verschwunden, der Platz, an dem sie vorher gebettelt hatte, blieb leer.

Nach einer Woche saß sie plötzlich wieder an der gewohnten Stelle. Sie war stumm wie damals, wiederum nur ihre Bedürftigkeit zeigend durch die ausgestreckte Hand.

„Aber wovon hat sie denn in all den Tagen gelebt?" fragte die Französin. Rilke antwortete: „Von der Rose!"

Was macht die Gabe von Rainer Maria Rilke besonders?
Welche Bedeutung hat die Rose für die Bettlerin?
Schreibe auf, welche Gedanken ihr durch den Kopf gegangen sein könnten.

Eine Rose (II)

Auf die Frage, warum er einer Bettlerin kein Geld geben würde, antwortete der Schriftsteller Rainer Maria Rilke (1875–1926): „Wir müssen ihrem Herzen schenken, nicht ihrer Hand."
Wenige Tage später brachte Rilke eine eben aufgeblühte weiße Rose mit und legte sie in die offene, abgezehrte Hand der Bettlerin. Da geschah das Unerwartete: Die Bettlerin blickte auf, sah den Geber, erhob sich mühsam von der Erde, tastete nach seiner Hand, küsste sie und ging mit der Rose davon …

Ist es leichter dem „Herzen" oder der „Hand" zu schenken? Finde Beispiele!

„Hand"
„Herz"

© *Hermann Steinle*

Kann eine Königin wissen, was Armut ist?

Vor etwa zweihundertfünfzig Jahren zogen einmal die Ärmsten der Einwohner von Paris nach Versailles, wo der König von Frankreich und seine Frau residierten. Es war eine Demonstration, bei der sich eine Menge Unmut wegen Armut Luft machte. Die Armen stellten sich vor dem Schloss Versailles auf und riefen immer wieder: „Wir haben kein Brot! Wir haben kein Brot!“ Die französische Königin Marie Antoinette stand am Fenster und schaute auf die Menschenmenge. Sie fragte einen hohen Offizier: „Was wollen die Leute eigentlich?“
„Majestät“, antwortete der Offizier, „sie wollen Brot, sie haben zu wenig Brot und großen Hunger!“ Die Königin schüttelte verwundert den Kopf:
„Sie haben nicht genug Brot?“, fragte sie. „Wo ist da das Problem? Dann sollen sie doch Kuchen essen!“ Auf Französisch:
„S'ils n'ont pas de pain, qu'ils mangent de la brioche!“

Diese Begebenheit berichtet der französische Schriftsteller und Moralist Jean-Jacques Rousseau um das Jahr 1766 in seinen *Bekenntnissen*. Er prangerte gern den Sittenverfall des Adels an, der in Saus und Braus lebte, während das Volk darbte – eine jener Ungerechtigkeiten, die letzten Endes die Französische Revolution (allerdings dann auch mit anderen Ungerechtigkeiten …) hervorriefen.
Diese Geschichte von „Kuchen statt Brot“ ist zwar gut erfunden, aber wohl doch nicht wahr – passt jedoch gut zu dem, was die politischen Gegner des französischen Königshauses gern unter die Leute bringen wollten. Die Reichen hatten keine Ahnung von der Armut ihrer Landsleute.
Inwiefern passt das Symbol rechts zu dieser Armutsproblematik?

Der deutsche Schriftsteller Erich Kästner meinte einmal, die Armut würde leichter beseitigt werden, wenn die Reichen schon als Kinder wüssten, wie schlimm es sei, arm zu sein … Ein anderer meinte, wenn Arme reich würden, hätten sie ganz schnell ihre eigene Armut vergessen und verhalten sich nicht anders als die Reichen, die schon immer reich waren. Nimm zu beiden Meinungen Stellung:

____

____

____

Der Fischer und der Tourist

In einem Fischerboot lag ein Mann und döste. Da kam ein Tourist vorbei und wollte diese Idylle – blauer Himmel, der Mann und das Meer – mit dem Fotoapparat einfangen. Dabei weckte er den Fischer. „Sie werden heute einen guten Fang machen", begann er ein Gespräch. Der Fischer schüttelte den Kopf. „Fühlen sie sich nicht wohl?", fragte ihn der Tourist bekümmert. „Ich fühle mich großartig", antwortete der Fischer. „Aber warum fahren sie denn nicht nochmals raus?", wunderte sich der Tourist. „Ich habe bereits genug gefangen, sogar für morgen und übermorgen", erklärte ihm der Fischer. „Aber wenn sie heute, morgen, ja an jedem günstigen Tag mehrmals rausfahren würden, könnten sie sich in einem Jahr einen Motor, in zwei Jahren ein zweites Boot oder einen kleinen Kutter kaufen. Damit würden sie natürlich viel mehr fangen. Sie könnten ein kleines Kühlhaus bauen, vielleicht eine Räucherei. Später könnten sie mit dem eigenen Hubschrauber die Fischschwärme ausmachen und ihren Kuttern per Funk Anweisung geben. Sie könnten ein Fischrestaurant eröffnen, den Hummer direkt nach Paris exportieren – und dann", begeistert verschlug es ihm fast die Sprache. „Was dann?", fragte der Fischer leise.
„Dann könnten sie beruhigt hier im Hafen sitzen, in der Sonne dösen und auf das herrliche Meer blicken."

In dieser Parabel, frei nach Heinrich Böll (1917–1985), treffen zwei Lebenseinstellungen aufeinander. Worin unterscheiden sich die Denk- und Handlungsmuster des Fischers und des Touristen? Worin nicht? Wer von den beiden ist deinen Gefühlen und Gedanken näher?

Fischer Tourist

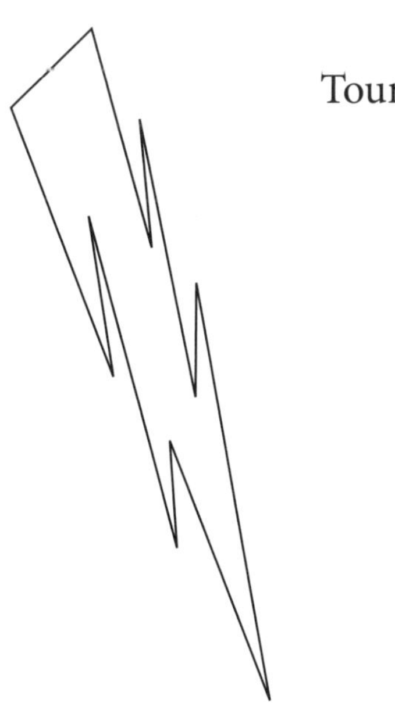

Geh vorbei …

Geh an ihm vorbei
als ob er nicht da wäre.
Kümmere dich nicht
um seinen versunkenen Blick.
Er ist hier,
weil er hier sein will.
Alles Geld, das du ihm schenkst,
gibt er für Schnaps aus.
Er ist nicht unser Problem.
Wir kennen ihn nicht.
Noch ein Penner auf der Straße.
Was kümmert mich das.
Soll er doch arbeiten,
dann hat er auch zu leben.
Er ist gar kein richtiger Mensch,
nur Müll auf dem Weg.
Noch ein Stück Müll,
das ist alles …

Oh bitte, Gott, lass nicht zu,
dass mir das Gleiche geschieht.

D. J. Purnell

Welche Gedanken, Gefühle und Empfindungen kannst du bei dem vierzehnjährigen amerikanischen Verfasser entdecken?
In dem Gedicht gibt es einen Wendepunkt, der das Gesagte in einem „anderen Licht“ erscheinen lässt. Vervollständige das Schaubild!

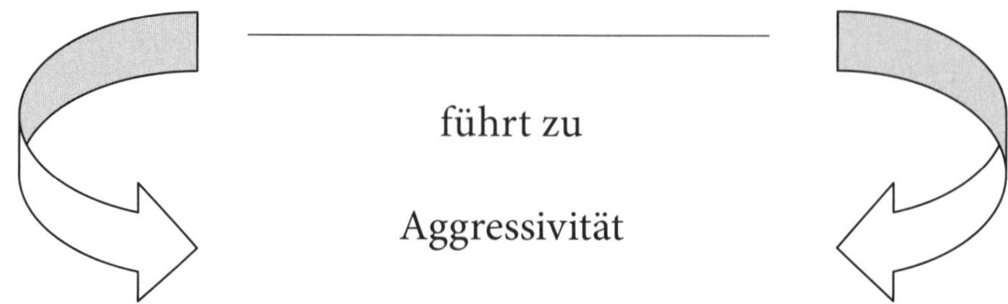

Hungern nach Liebe

Die Menschen von heute
hungern nach Liebe,
nach verstehender Liebe,
die die einzige Antwort auf Einsamkeit
und bittere Armut ist.

Mutter Theresa

Schreibe zur Aussage von Mutter Theresa ein Rondell. Das ist ein Gedicht aus acht Zeilen, wobei die 1., die 4. und die 7. Zeile gleich sind, ebenso die Zeilen 2 und 8. Berücksichtige diese Vorgabe.

1. Die Menschen von heute ______

2. ______

3. ______

4. ______

5. ______

6. ______

7. ______

8. ______

Geld ist (nicht) alles

Du kannst dir ein teures Bett kaufen,
aber keinen Schlaf und keine Träume.
Du kannst dir Sex kaufen,
aber keine Liebe.
Du kannst dir Versicherungen kaufen,
aber keine Sicherheit.
Du kannst dir Gesellschaft kaufen,
aber keine Freunde.
Du kannst dir Medizin kaufen,
aber keine Gesundheit.
Du kannst dir fromme Bücher kaufen,
aber keinen Glauben.
Du kannst dir Anerkennung kaufen,
aber keine Liebe.

© Katharina Wnuk, 2009

Fallen dir noch mehr Zeilen ein?

Du kannst dir ____ ,

aber keine ____ .

Gott sei es gedankt, nicht alles ist käuflich. Wenn man dir alle finanziellen Möglichkeiten nimmt, was macht dich reich?
Fülle deine persönliche Schatzkiste:

Mein Wasserzeichen

Wertvolles Papier besitzt meist ein Wasserzeichen, eine Prägung, die es für jeden, gegen das Licht gehalten, erkennbar macht. Auch bei uns haben Menschen oder Umstände Spuren hinterlassen, die uns wie ein Wasserzeichen prägen.
Welche Menschen oder Umstände haben dich besonders beeinflusst?

	sehr — gar nicht
– Mutter	I---I
– Vater	I---I
– Geschwister	I---I
– Großeltern	I---I
– Freunde	I---I
– Lehrer	I---I
– Schule	I---I
– Politik	I---I
– Kirche/Glaube	I---I
– Schicksalsschlag	I---I
– Umzug in eine andere Stadt	I---I
– Hobby ________________	I---I
– Buch ________________	I---I
– Film	I---I
– … ________________	I---I

Der Dichter Johann Wolfgang von Goethe (1749–1832) äußerte einmal: „Sage mir, mit wem du umgehst, so sage ich dir, wer du bist, weiß ich, womit du dich beschäftigst, so weiß ich, was aus dir werden kann.“ Stimmst du der Aussage Goethes zu oder siehst du sie – auch im Hinblick auf dein eigenes „Wasserzeichen“ – kritisch?

In den Armen des Vaters

© Hermann Steidle

Ein Kind schmiegt sich an seinen Vater an, findet bei ihm Schutz und Trost. „Ich wünschte, mein Vater hätte mich mal so in den Arm genommen", sagte mir ein Freund.

Was siehst du, was empfindest du, wenn du dieses Bild betrachtest?
Was wünschst du dir von deinem Vater/deiner Mutter/deinen Eltern? Schreibe oder zeichne auf die Rückseite deine Vorstellungen.

Unser Klassenklima

Ich erlebe unsere Klassengemeinschaft so…

oder so…

oder so…

oder so…

alle Zeichnungen: © Haide Steidle

oder so… Stelle die Klassengemeinschaft so dar, wie du sie erlebst!

Wie ein Regenbogen

In einem irischen Segenswort heißt es:

Möge dein Leben so vielseitig sein
wie die Farben eines Regenbogens.

Schreibe oder male in den Regenbogen, was für dich zu einem solchen Leben gehört! Lass deinen Träumen, Wünschen und Gedanken freien Lauf.

Lebenswert

Jugendliche und junge Erwachsene zwischen 13 und 20 Jahren folgten dem Aufruf eines evangelischen Jugendhauses, sich an einem Fotowettbewerb zum Thema „Lebenswert“ zu beteiligen. Was in ihren Augen das Leben „wertvoll“ macht, kannst du hier in einer kleinen Auswahl sehen:

Was macht dein Leben lebenswert? Versuche, einen solchen besonderen Moment fotografisch festzuhalten!

Sammelt eure Fotos und hängt sie in eurer Klasse nebeneinander auf. Was fällt euch auf? Welche Gemeinsamkeiten oder Unterschiede findet ihr? Fehlt etwas?

Ein gesegneter Mensch

Ich bat um Stärke, aber er machte mich schwach,
damit ich Bescheidenheit und Demut lernte.

Ich erbat seine Hilfe, um große Taten zu vollbringen,
aber er machte mich kleinmütig, damit ich gute Taten vollbrächte.

Ich bat um Reichtum, um glücklich zu werden.
Er machte mich arm, damit ich weise würde.

Ich bat um alle Dinge, damit ich das Leben genießen könne.
Er gab mir das Leben, damit ich alle Dinge genießen könne.

Ich erhielt nichts von dem, was ich erbat – aber alles, was gut für mich war.
Gegen mich selbst wurden meine Gebete erhört.

Ich bin unter allen Menschen ein gesegneter Mensch.

Ein unbekannter Soldat

Ein Soldat hält Rückschau und stellt Überraschendes fest.
Welche Erfahrung hat er gemacht? Fasse sie ihn Worte.
Hast du Ähnliches auch schon erlebt? Sind Wünsche/Gebete in ganz anderer Weise, als du es erhofft oder erwartet hast, „in Erfüllung" gegangen?

Mein Wunsch/Gebet: Mein Erlebnis:

Schlüsselerlebnisse

Rainer Schmidt ist erfolgreicher Sportler und Buchautor, Diplom-Verwaltungswirt und evangelischer Pfarrer. Und er ist behindert. Er hat seit der Geburt keine Unterarme und ein um 30 cm verkürztes rechtes Bein. Eine seltene Stoffwechselerkrankung seiner Mutter in den ersten beiden Monaten der Schwangerschaft war der Grund dafür. Dennoch gewann er als Tischtennisspieler unter anderem 4× Gold und 3× Silber bei den Paralympics. Und er machte durch seine Lebensgeschichte vielen Menschen Mut. Nicht nur im Leben eines Menschen mit Behinderung gibt es Schlüsselerlebnisse, in denen sich Grundlegendes entscheidet. Manchmal wird einem erst Jahre später klar, was da eigentlich passiert ist, so wie damals Rainer Schmidt im Schwimmbad:

Er ist 14 Jahre alt, als er zum ersten Mal ohne Eltern auf eine Freizeit fährt. Als der Jugendbetreuer vorschlägt, ins Schwimmbad zu gehen, bekommt er Panik: „Schwimmen? Mich im Freibad ausziehen, meine Prothese entblößen und dann womöglich mit dem kurzen rechten Bein über die Wiese humpeln? Nein, auf keinen Fall! Ich stelle mich nicht zur Schau. Ich lasse mich nicht von allen angaffen! Da bleibe ich lieber allein auf dem Freizeitgelände." Erst am nächsten Tag gelingt es seinem Bruder, ihn zu überreden. Im Schwimmbad trifft ihn der Schlag: Das komplette Schwimmbecken ist von einer Hecke umgeben und es gibt nur drei Eingänge, wobei es zu dem nächsten mindestens 20 Meter sind. Als er merkt, dass er ohne Gesichtsverlust nicht mehr umdrehen kann, zieht er sich mit Hilfe seines Bruders aus und läuft ohne Prothese, so schnell es geht, zum Wasser. Die anderen sind schon im Wasser und niemand sieht, wie er hineinspringt: „Glück gehabt! So ist Schwimmen echt Klasse. Ich liebe es." Als er nicht mehr kann, klettert er aus dem Wasser. Den Kopf gesenkt, geht er zu seinem Handtuch. Er will nicht sehen, wie die anderen ihn anschauen. Er zieht sich ein Handtuch über die Schultern und legt ein anderes auf seine Beine. Niemand sagt etwas.
Erst am Abend spricht ihn ein Mädchen an: „Dass du einfach so ins Freibad gehst: Ich hätte mich das nicht getraut. Du bist ganz schön mutig. Hattest du keine Angst, dass dich jemand auslacht?" „Klar", antwortet er wahrheitsgemäß, „hatte ich, aber was hätte ich denn machen sollen? Wenn es jetzt noch zehn Tage so warm ist, dann kann ich doch nicht immer allein auf dem Freizeitgelände bleiben." „Ich freue mich, dass du mitgekommen bist. Ich finde, du bist nett", verabschiedet sie sich von ihm.

© Rainer Schmidt

Warum bezeichnet Rainer Schmidt diese Situation wohl als persönliches Schlüsselerlebnis?

Hast du selber schon etwas erlebt, das du als Schlüsselerlebnis bewerten würdest und das dir Mut, Kraft und Zuversicht für andere Lebenssituationen gibt?

Zukunftspläne

Die Pläne, Hoffnungen und Wünsche für die Zukunft sind bei Schulabgängern sehr unterschiedlich. Manchmal geprägt von Resignation, dann wieder voller Vorfreude, …

„Leider waren meine Bewerbungen nicht erfolgreich. Ich werde erst einmal aufs Gymnasium wechseln, um meine Chancen zu verbessern.“

Kathrin, 16 Jahre

„Keine Ahnung, die Praktika waren mir alle zu hart. Acht Stunden im Laden rumstehen, das ist mir zu anstrengend. Hartz IV ist auch ok.“

Kevin, 17 Jahre

„Für eine Lehre bin ich noch nicht bereit, außerdem ist es im Moment sehr schwer etwas zu finden. Wenn es passt, könnte ich mir aber auch vorstellen, Mutter zu werden.“

Chantal, 16 Jahre

„Ich habe meinen Ausbildungsvertrag schon unterschrieben und freue mich riesig auf die neue Herausforderung.“

Marius, 16 Jahre

Mein Plan:

Meine Entwicklungspyramiden

In regelmäßigen Abständen ist es sinnvoll, seinen eigenen „Lebensentwurf" zu überprüfen und zu überlegen: „Wo stehe ich?" und „Wo will ich hin?" Schreibe in die Pyramiden hinein, was du schon erreicht hast ① und was du noch erreichen möchtest ②. Triff deine persönliche Auswahl und sortiere nach der Wichtigkeit von oben nach unten.

①

____

__________ __________

__________ __________ __________

__________ __________ __________ __________

> Was man nicht versteht,
> besitzt man nicht.
>
> *Johann Wolfgang von Goethe*

②

____

__________ __________

__________ __________ __________

__________ __________ __________ __________

P. S.: Wer nicht weiß, wo er hin will, muss sich nicht wundern, wenn er woanders ankommt …

Unter uns

Tunc ist mit 15 Jahren der Jüngste unter seinen vier Geschwistern. Er hat ein etwas vorlautes Mundwerk, auf seine Familie lässt er nichts kommen. Markenklamotten sind ihm wichtig, Schwächere oder Benachteiligte werden von ihm nicht selten „fertiggemacht". Doch seit zwei Wochen ist Tunc verändert. Er sieht müde und abgekämpft aus und schläft im Unterricht ein. Seine Mitschüler interessieren ihn kaum, er kapselt sich ab. In fast jeder Pause findet man ihn in der Nähe der Fachräume für den Hauswirtschaftsunterricht. Ob vielleicht etwas vom Kochunterricht übrig geblieben ist, fragt er Lehrer und Schüler. Reste werden von ihm sofort gegessen. Als der Vertrauenslehrer ihn anspricht, erzählt er ihm, dass sich seine Eltern zu Weihnachten neue Handys schenken. Seit zwei Wochen gäbe es deshalb zu Hause nichts mehr zu essen, da kein Geld mehr da sei. Bei den Bekannten und Verwandten könne er aber nicht betteln gehen, da sie davon nichts wissen dürften.

Barbara ist zwölf Jahre und hat noch eine kleine Schwester, die sie jeden Morgen zur Schule bringt. Die Mutter ist Alkoholikerin und versäuft das komplette Geld. Der Vater ist abgehauen, die Kinder kennen ihn nicht einmal. An guten Morgen bekommen die beiden Geschwister ein Glas Wasser zum Frühstück hingestellt, an schlechten sind die Gläser mit Schnaps gefüllt. Barbara ist abgemagert, ihre Haare sind filzig. Ihre Mitschüler meiden sie. Jeden Morgen, kurz bevor der Unterricht beginnt, holt die Klassenlehrerin Barbara in die Schulküche und versorgt sie mit Essen.

Unglaublich aber wahr, zwei von vielen Fällen, die täglich in Deutschland passieren (können). Manchmal steckt hinter einem „fehlenden" Pausenbrot eine tragische Geschichte.

Hast du schon Ähnliches beobachtet? Wie kann man Mitschülerinnen und Mitschülern in solchen Fällen helfen, ohne dass sie „ihr Gesicht verlieren"?

Die Hartz IV-Schule

Unter dem Namen „Hartz IV-Schule“ erlangte eine Schule im Ruhrgebiet einen ungewollten Bekanntheitsgrad. Nachdem in den letzten Abschlussjahrgängen kaum Schüler in Arbeit oder in eine Ausbildungsstelle vermittelt werden konnten, fasste das Kollegium der Förderschule mit knapp 180 Kindern und Jugendlichen den Entschluss, den Lehrplan an die Lebensperspektiven der Schulabgänger anzupassen. Der Schulleiter brachte dies mit folgender „provokanten“ Aussage, die auf großes mediales Interesse stieß, auf den Punkt:

„Meine Aufgabe als Lehrer ist, die Schüler auf das Leben nach der Schule vorzubereiten. Und ich sehe als einzig authentische und glaubwürdige Perspektive, die für sie im Augenblick bereitsteht: Arbeitslosigkeit, Hartz IV.“

Nun lernen die Schüler, deren Eltern ebenfalls zu zwei Dritteln arbeitslos sind, u. a., wie man Anträge ausfüllt, wie man sich mit 345 € günstig und gesund ernährt, wie man seine viele Freizeit Geld sparend verbringt, wie man Mini-Jobs für zusätzliche Anschaffungen ausfindig machen kann, wie man eine günstige Wohnung findet und wie man mit dem begrenzten Wohnraum zurechtkommt.

Ich finde die Aussage des Schulleiters …

❑ ärgerlich ❑ traurig ❑ provozierend ❑ realistisch ❑ richtig

Was müsste sich ändern? Deine Meinung dazu:

____

____

____

____

____

____

____

____

Schulprämie!?

Die Zahl der Schul- und Ausbildungsabbrecher war noch nie so hoch wie heute. So kommt es, dass immer wieder einmal eine „Aufbauprämie“ für Kinder diskutiert wird. Die Stadt Oer-Erkenschwick wollte Kinder und Jugendliche mit 100 € pro Schulschwänzer in die Schule zurückholen. Der „Anti-Blaumach-Bonus“ schlug hohe Wellen, wurde aber vom Landesjugendamt abgelehnt. Die Denkfabrik „berlinpolis“ schlug sogar vor, Eltern aus „bildungsfernen Schichten“, deren Kinder einen Hauptschulabschluss schaffen, mit mindestens 3.000 € zu belohnen. Bei einem gymnasialen Abschluss sollte entsprechend mehr gezahlt werden, verbunden mit einem Hochschulstipendium.

Was denkst du über die genannten Anreize? Würde sich hierdurch etwas ändern? Wo siehst du die Probleme?

Was würdest du favorisieren, um Kinder und Jugendliche wieder zu motivieren? Und wie sollte „Schule“ heute gestaltet werden?

Schule heute…

dürfte … ______________________________

____

könnte … ______________________________

____

sollte … ______________________________

____

müsste … ______________________________

____

Straßenkinder in Deutschland

Bei Straßenkindern denken viele zuerst an Entwicklungsländer und typische Krisenregionen. Doch auch in Deutschland leben immer mehr Kinder und Jugendliche auf der Straße. Sie flüchten vor Vernachlässigung, Misshandlung und Missbrauch. Oder sie werden von ihren Eltern einfach vor die Tür gesetzt, weil sie stören. Kaum jemand vermisst sie. In einer Stadt mit ca. 600.000 Einwohnern leben rund 160 Jugendliche (oder auch mehr) zwischen 14 und 21 Jahren auf der Straße, wo ihnen Armut, Gewalt, Drogen und Ablehnung begegnen. Mittlerweile gibt es in fast jeder Stadt oder Kommune Notschlafstellen, meist „Sleep-ins" (engl.) genannt, wo Kinder und Jugendliche einen sicheren Schlafplatz finden. Hier werden sie mit Mahlzeiten versorgt und medizinisch betreut. Und natürlich geht es hier darum, mit Sozialpädagogen neue Perspektiven für die Zukunft zu erarbeiten, da viele Betroffene keinen Schulabschluss vorweisen können. So auch Katja (15 J.), die verwahrlost und depressiv ist und sich „ritzt". Sie möchte an sich arbeiten, sich verändern und einen Schulabschluss nachholen. Das Jugendamt vermittelt sie deshalb an ein Mädchenhaus des Neukirchener Erziehungsvereins; das ist ein christliches Kinderhilfswerk der Diakonie. Allein dieser diakonische Träger betreut bundesweit über 2.000 Kinder und Jugendliche, die aus schwierigen Familienverhältnissen kommen. Der Neukirchener Erziehungsverein fühlt sich dem Aufruf seines Gründers, Pfarrer Andreas Bräm (1797–1882), verpflichtet: „Euch allen, denen das Elend der verwahrlosten Kinder zu Herzen geht, rufe ich zu: Fangt an, im Namen Jesu wenigstens ein einziges Kind zu retten oder retten zu helfen."

Welche Möglichkeiten müssten aus deiner Sicht geschaffen werden, damit Kinder und Jugendliche nicht länger von Vernachlässigung, Misshandlung und Missbrauch bedroht sind?
Schlage drei konkrete Veränderungen (gesellschaftlich, politisch, kirchlich) vor, die initiiert werden sollten:

____

____

____

____

____

Nur geduldet

Im Jahre 1985 sind meine Eltern mit zwei kleinen Kindern wegen des Krieges im Libanon nach Deutschland geflüchtet. Ein paar Monate später bin ich in Deutschland auf die Welt gekommen. Mein Vater ist Libanese, meine Mutter Türkin. Meine zwei älteren Brüder sind hier groß geworden. Meine jüngeren sechs Geschwister und ich sind hier geboren. Wir haben diesen „Ungeklärtenausweis", obwohl wir hier aufgewachsen sind. Dieser Ausweis heißt „Fiktionsbescheinigung".
Wir Kinder sind hier geboren, hier zur Schule gegangen, wir wollen uns hier weiterbilden. Ich habe vor vier Jahren die Schule beendet und hatte weder die Möglichkeit, mich weiterzubilden, noch zu arbeiten, um mein eigenes Geld zu verdienen. Ich bin gezwungen, weiter vom Sozialamt zu leben, solange sich mein Status in Deutschland nicht verbessert. Ich finde das ungerecht!
Ich würde gern verreisen dürfen, genauso wie alle anderen Menschen, die hier geboren sind. Nur dann kann ich mein Leben so leben wie die anderen.

Amina, 21 Jahre
© Pro Asyl, Essen

Wer in Deutschland nur „geduldet" ist, also keine dauerhafte Aufenthaltsgenehmigung bekommt, hat einen gesetzlich beschränkten Zugang zum Arbeitsmarkt. Er oder sie erhält deutlich reduzierte Sozialleistungen, einen oft unzureichenden Krankenversicherungsschutz, darf den Wohnort nicht wechseln, das Bundesland nicht ohne Weiteres verlassen und muss mit der täglichen Angst vor Abschiebung leben.

Gibt es an deiner Schule auch Jugendliche, die nur geduldet sind? Informiere dich über ihre aktuelle Situation und überlege mit deinen Mitschülerinnen und Mitschülern, wie ihr helfen und das persönliche Schicksal (falls gewünscht) öffentlich machen könnt.

„Suchet der Stadt Bestes…“

Über 4.000 Menschen leben in der Bundeshauptstadt Berlin auf der Straße. Menschen am Rande der Gesellschaft, deren Habseligkeiten oft in eine Plastiktüte passen.
Obdachlosigkeit ist das ganze Jahr über schlimm, im Winter jedoch lebensbedrohlich. Seit 1994 bieten die Mitarbeiter der Berliner Stadtmission wohnungslosen Menschen Hilfe dort an, wo sie leben: auf der Straße. Mit einem Kältebus sind sie vom 1. November bis zum 31. März unterwegs, steuern zwischen 21 und 3 Uhr gezielt Orte an, wo sich Obdachlose aufhalten und versorgen sie auf Wunsch mit warmer Kleidung, Decken und heißen Getränken. Nicht zuletzt bieten sie den Transport zu einer sicheren Notschlafstelle an, wo obdachlose Menschen auch ein offenes Ohr, Beratung, Hilfsangebote und eine ärztliche Versorgung bekommen. In den letzten Jahren hat die Kältehilfe der Berliner Stadtmission zehntausenden obdachlosen Menschen geholfen und einige vor dem sicheren Tod durch Erfrieren bewahrt. Auch Bundespräsident Horst Köhler zeigte sich tief berührt von dieser Arbeit, die sich aus Spenden finanziert und von einem Team aus Haupt- und Ehrenamtlichen getragen wird: „Ohne auf den Staat zu warten, haben sich hier Bürger zusammengeschlossen, um anderen Bürgern in Not tatkräftig zu helfen, waren mutig, kreativ und risikobereit“.

Könntest du dir vorstellen, in so einem Projekt mitzuarbeiten? Welche Voraussetzungen müssten dafür erfüllt sein? Welche Erwartungen und Hoffnungen hättest du an eine solche Mitarbeit? (Unter www.kaeltebus.de findest du ein Tagebuch mit den Erfahrungen und Erlebnissen der Kältehilfe-Mitarbeiter.)

© Fotos: Berliner Stadtmission

Meine Erwartungen/Hoffnungen/Wünsche:

Ich habe versagt!

Siegreich

Bitte seid stolz auf mich, wenn ich gehe,
ich kehre nicht zurück mit leeren Händen,
Zeit zu laufen, auf eigenen Füßen
in die Ferne, wo mich keiner kennt.

So viel Angst fortzugehn,
jeder will mich siegreich sehn.

Glaubt den Bildern nicht, auf denen ich glücklich schau,
lasst euch nicht täuschen, von dem Geld, das ich euch schick.
Graue Häuser, endloser Regen,
wenn ich nur könnte, würde ich noch heute zurück zu euch kehren.

So viel Angst heimzukehren,
weil ich nicht siegreich war.
So viel Angst heimzukehren
weil ich nicht siegreich war.

Ich habe versagt!
Ich habe versagt!
Ich habe versagt!

So schön endlich heimzukehren,
obwohl ich nicht siegreich war.

Das Lied erzählt von einem Einwanderer, seinen Erfahrungen, Gefühlen und Gedanken. Das Gefühl, versagt zu haben, wird für den Einwanderer aber nicht zum Schlusspunkt. Vergleiche seine Erlebnisse mit einem Gleichnis, das Jesus erzählt hat (Lukas 15,11–24).

Hast du auch schon einmal den Druck erlebt, „siegreich" sein zu müssen, und wolltest andere nicht enttäuschen? Wie ist es dir dabei ergangen?
Schreibe oder zeichne deine Erfahrungen auf die Rückseite!

Gesunde Ernährung

Reporter: „Wie viel wiegst du denn jetzt im Moment?"
Mädchen: „Ich wiege im Moment 135 kg."
Reporter: „135 kg! Und du bist knapp 16 Jahre? Ist das richtig?"
Mädchen: „Ja!"
Reporter: „Ist das dein Standardgetränk?"
Mädchen: „Nee, eigentlich auch nicht so. Manchmal trinke ich schon sehr viel Saft, aber zwischendurch schon mal ein Wasser."
Reporter: „Was für Säfte?"
Mädchen: „Ja, auch so Fanta, Cola, Mezzo Mix und so was …"

Quelle: O-Ton-Charts, Einslive (WDR), 02/2009

Übergewicht und Adipositas (Fettleibigkeit) haben in den letzten Jahren durch alle Bevölkerungsschichten hindurch überdurchschnittlich zugenommen. Insbesondere in den sozialen Schichten, wo wenig finanzielle Möglichkeiten und schlechte bzw. gar keine Schulabschlüsse vorhanden sind, lässt sich eine starke Zunahme beobachten. Hier sind durchschnittlich drei von zehn Erwachsenen von Übergewicht betroffen. Mit der Zunahme von guten Schulleistungen und einem höheren Einkommen fällt das Risiko deutlich: In dieser Personengruppe ist nur jeder Zehnte übergewichtig.
Überlege, warum das Risiko, übergewichtig zu werden, bei Kindern und Jugendlichen proportional zur Schulbildung steigt oder fällt. Schreibe mögliche Gründe auf. Diskutiert eure Meinungen in der Klasse.

Verfasse für das Mädchen aus dem Dialog eine kurze SMS. Was möchtest du ihr schreiben?

Ohne Hoffnung

Alles aus!? Ein lieber Mensch ist nicht mehr und wird schmerzlich vermisst. Die folgende Anzeige fand sich in einer Tageszeitung:

Ralf Kurz

Man sagt, Trauer vergeht mit der Zeit,
aber es verging nur die Zeit.

5 Jahre ohne Dich.

Die Lücke, die Du hinterlassen hast,
wird sich nie wieder schließen.

Mark, Jennifer und Pascal

24. Oktober 2009

Nicht selten bleiben die Trauernden mit ihren Gefühlen allein zurück. Während alle anderen um sie herum langsam wieder zur Tagesordnung übergehen, können manche Menschen nicht mehr Tritt fassen.

Vervollständige den folgenden Satz:
Wenn man ohne Hoffnung ist, dann …

Dein Wort gegen die Hoffnungslosigkeit:

Armut in der Welt

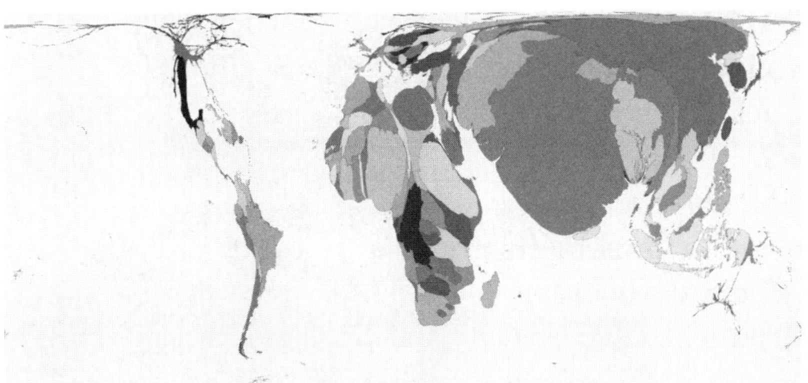

Die hier abgebildete Weltkarte stellt die Länder und Kontinente in (relativer) Größe dar, je nachdem, wie häufig die jeweilige Bevölkerung von Armut betroffen ist. Sie berücksichtigt nicht nur existenzielle Armut, sondern auch Aspekte wie Lebenserwartung, Wasserqualität, die Anzahl unterernährter Kinder und Analphabetismus unter Erwachsenen.

Vergleiche diese Karte mit einer Weltkarte in deinem Atlas. Was fällt dir auf? Welche Länder und Kontinente sind besonders von Armut bedroht? Welche Länder können eine hohe Lebensqualität vorweisen?

Straßenkinder auf den Philippinen

In Antipolo, einer Vorstadt von Manila auf den Philippinen, gehören Straßenkinder zum täglichen Straßenbild. Es gibt hier viele Gründe dafür, warum Kinder und Jugendliche auf der Straße leben müssen. Manche Eltern haben ihre Kinder einfach rausgeworfen, weil sie sie nicht mehr ernähren konnten, manche Kinder sind vor (sexuellem) Missbrauch geflüchtet, manche leben mal auf der Straße, mal zu Hause und nicht zuletzt leben viele (AIDS-)Waisen auf der Straße. Um zu überleben, müssen sie betteln, sich von Abfällen ernähren, kleine Gefälligkeiten erweisen (z. B. in Parkplätze einwinken) oder auch stehlen.

© Fotos: Lambs Home

Ein soziales Netz, wie wir es aus Deutschland kennen, gibt es in Antipolo nicht. Kinderheime wie das „Lambs Home", das sich ausschließlich über Spenden aus Deutschland finanziert und zehn Kindern eine Zukunftsperspektive jenseits der Armut geben will, gibt es viel zu wenige. Hier bekommen Kinder ein Dach über dem Kopf, regelmäßige Mahlzeiten, eine medizinische und sozialpädagogische Betreuung.
Es wird ihnen der Schulbesuch oder eine Ausbildung bezahlt. Des Weiteren lernen die meisten zum ersten Mal einen geregelten Tagesablauf und ein Familienleben kennen.

Informiere dich über ein Land deiner Wahl, in dem Kinder und Jugendliche von Armut bedroht sind. Stelle deiner Klasse (z. B. mit Hilfe einer Collage) die Gründe für die Armut dar und berichte, was bereits dagegen getan wird und was deiner Meinung nach noch getan werden könnte.

Im Steinbruch

In den Steinbrüchen von Yeleswaram im südindischen Bundesstaat Andhra Pradesh war es Alltag, dass schon kleine Kinder Steine klopfen mussten. Damit trugen sie zum Lebensunterhalt ihrer Eltern, hoffnungslos ausgebeuteten Steinbrucharbeitern, bei.
Die Hilfsorganisation „wortundtat" hat es sich u. a. zur Aufgabe gemacht, diese Kinder aus den Steinbrüchen „herauszukaufen". Das heißt, die Schulkosten werden komplett übernommen und zusätzlich wird den Eltern der Verdienstausfall ihrer Kinder erstattet. Ansonsten würden die Eltern ihre Kinder nicht in die Schule schicken, da sie und ihre Familien auf jede noch so kleine Unterstützung angewiesen sind und die Schulkosten für Landarbeiter unbezahlbar sind. Allein in den letzten zehn Jahren haben so über 2.000 Kinder die Schule besuchen können und haben Schreiben, Lesen und Rechnen gelernt.

© Fotos: wortundtat.de

Erstelle eine Collage, in der du den Lebensalltag eines Steinbruchkindes und eines (deutschen) Schulkindes gegenüberstellst.
Versuche, die Unterschiede herauszuarbeiten.

Diskutiert abschließend in der Klasse das in der UN-Kinderrechtskonvention verankerte „Recht auf Schule" und die „Schulpflicht" in Deutschland.

Mutter Teresa

Mutter Teresa (1910–1997) war eine römisch-katholische Ordensschwester, die eine göttliche Berufung verspürte, mit den Ärmsten der Armen zu leben. Es zog sie in die Slums der indischen Großstadt Kalkutta, wo sie den Orden „Missionarinnen der Nächstenliebe“ gründete. Sie kümmerte sich besonders um Sterbende, Waisen und Kranke sowie um die Betreuung von Leprakranken. 1979 erhielt sie den Friedensnobelpreis, 2003 wurde sie von der römisch-katholischen Kirche selig gesprochen.

© S. Pjatakow

Die Ordensgründerin der „Missionarinnen der Nächstenliebe“ wurde im Angesicht der extremen Armut und den schlimmen Krankheiten von starken Glaubenszweifeln gequält: „In meinem Innern ist es eiskalt.“ Kannst du dich in ihre Lage versetzen? Beschreibe Gedanken, Konflikte und auch Wünsche.

Für Mutter Teresa stand immer erst die Armenspeisung im Vordergrund, dann die Verkündigung der biblischen Botschaft. Sie sagte einmal: „Es gibt nur einen Gott, und er ist der Gott aller. Wir sollten einem Hindu helfen, ein besserer Hindu zu werden, einem Muslim, ein besserer Muslim zu werden, und einem Christen, ein besserer Christ zu werden.“

Was würde ein Hindu, der von Mutter Teresa Hilfe erfährt, dazu sagen?

Wie gefällt dir der Name „Missionarinnen der Nächstenliebe“?

Beschämt

Der CVJM-Sekretär Fritz Pawelzik erzählt von einer Reise zu einer Mitarbeiterschulung, bei der er in einem sehr armen Dorf am Nil Rast machte.

Als wir auf dem Dorfplatz Rast machten, schleppte sich ein vielleicht Zehnjähriger wie ein alter Mann über den Platz. Kraftlos musste er eine Pause machen. Dieser Junge bestand nur noch aus Haut und Knochen. An ihnen hingen abgetragene und verschmierte Lumpen, überall sah seine stumpfe, graue Haut hindurch. Das heulende Elend packte mich, als ich den Jungen sah. Mein Freund Samy rief ihn rüde herbei. Der Junge kam mit großer Mühe schwankend auf uns zu. Obwohl er so ausgehungert und leicht war, konnten ihn die Beinchen kaum tragen. Er atmete schwer, wie ein alter Mann, und musste sich an unserem Bus festhalten, aber er lächelte uns an. Samy tat so, als ob er überhaupt kein Mitleid mit ihm hätte. Er gab ihm einen kleinen Geldschein und befahl dem Jungen ziemlich barsch: „Hier, hol mal eine Schachtel Streichhölzer dafür." Der Junge gehorchte und schwankte weg. „Du bist zu brutal vorgegangen!", sagte ich zu Samy. Der gab mir zurück: „Und du wolltest den Jungen zu einem Bettler degradieren. Ich habe ihm eine Aufgabe und Geld gegeben. Er hat mich verstanden. Er braucht nicht mehr zurückzukommen. Er wird keine Streichhölzer finden. Wir haben es als Kinder genauso gemacht. Und wenn wir zurückkamen mit dem Geld, dann war der Onkel schon wieder weg. Ich hoffe, er wird genauso klug sein." Doch der Junge, das Knochengestell aus Not und Elend, kam wieder zurück! Er übergab Samy nicht nur die Streichhölzer, sondern auch das Wechselgeld. Samy wollte das Wechselgeld nicht annehmen, aber der Junge bestand darauf: „Herr, du musst das nehmen, ich bin doch kein Dieb." Der Junge hatte uns beschämt. Damit hatte keiner von uns gerechnet. Samy sah mich an und sagte: „So was habe ich noch nicht erlebt." Er überlegte schnell, dann sagte er zu dem Jungen: „O. K., ich nehme das Wechselgeld zurück, obwohl ich es dir eigentlich als Lohn geben wollte. Ich gebe zu, es war ein bisschen zu wenig. Ich schäme mich. Du hast mir einen Gefallen und Dienst getan, ich möchte dir auch einen tun. Bitte nimm das Geld, das ich dir geben möchte, nicht als Trinkgeld, sondern als Zeichen meiner Hochachtung an. Du hast mich mit deiner Haltung beschämt." Der Junge sah uns wohlgenährte Herren in Anzug und Schlips traurig an. Er überlegte, besänftigte seinen Stolz und nahm das Geld, aber mit Würde. Samy sah ihn bittend dabei an. „In Ordnung", sagte der Junge. „Ich möchte Sie nicht beleidigen." Er bedankte sich und ging, so schnell und gerade er konnte, zum Dorfladen und kaufte ein Fladenbrot. Direkt vor dem Laden aß er es. Er hielt den Fladen mit beiden Händen fest. Seine Augen glänzten. Er biss vorsichtig hinein, als ob es doch eine Illusion sein könnte. Da entdeckte er noch einen kleinen Betteljungen, der vor einer anderen Hütte saß. Der Kleine sah den Großen nur hungrig und bittend an. Da brach er sein Brot in zwei Hälften und gab dem Kleinen eine ab. Und als der Hund von nebenan bettelnd mit dem Schwanz wedelte, da kriegte der auch noch einen Happen ab vom Brot des Hungernden. Samy sah mich an. Wir hatten beide Tränen in den Augen.

© Fritz Pawelzik

Was haben Samy und Fritz Pawelzik von dem armen Jungen gelernt? Welchen „Dienst" hat er ihnen erwiesen? Und welche Gefühle löst das Erzählte in dir aus?

Liebe und Hoffnung weitergeben

Eine Sonderbriefmarke ist den beiden kirchlichen Hilfswerken MISEREOR (katholisch) und Brot für die Welt (evangelisch) anlässlich ihres gemeinsamen 50-jährigen Jubiläums gewidmet. Seit 1959 hat das Hilfswerk MISEREOR mehr als 95.700 Entwicklungsprojekte in Afrika, Asien, Lateinamerika und Ozeanien mit über 5,6 Mrd. Euro gefördert, Brot für die Welt konnte über 20.000 Hilfsprojekte in Afrika, Asien, Lateinamerika und in Osteuropa mit knapp 1,8 Mrd. unterstützen.

Die Briefmarke zeigt … ja: was denn? Die Briefmarke nennt die Handlungsfelder, für die Brot für die Welt und MISEREOR seit 50 Jahren stehen. Unter www.misereor.de und www.brot-fuer-die-welt.de findest du eine Übersicht vielfältiger Aktionen.

Ordne den genannten Handlungsfeldern aktuelle, passende Projekte zu, die dir ins Auge gefallen sind.

Hier kannst du deine eigene Sonderbriefmarke gestalten:

Faire Preise

Die GEPA wurde 1975 von den großen Kirchen gegründet, um fairen Handel mit den kleinen Genossenschaften und Privatbetrieben in Afrika, Lateinamerika und Asien zu ermöglichen und Hilfe zur Selbsthilfe geben zu können. Als Gesellschafter stehen der Evangelische Entwicklungsdienst (eed), das Hilfswerk MISEREOR, die Arbeitsgemeinschaft der Evangelischen Jugend (aej), der Bund der Deutschen Katholischen Jugend (BDKJ), das Päpstliche Missionswerk der Kinder in Deutschland und Brot für die Welt hinter der *Fair Trade Company.* Die Produzenten bekommen im fairen Handel einen Preis für ihre Produkte, der sowohl die Produktionskosten deckt als auch zur Deckung der Lebenshaltungskosten ausreicht und Spielraum lässt für Gemeinschafts- und Entwicklungsaufgaben der Genossenschaften und Betriebe. Des Weiteren versteht die GEPA unter fairen Handelsbeziehungen den Dialog über Entwicklungsziele, Partnerschaftsvereinbarungen bei gemeinsamen Projekten, die Vorfinanzierung auf Anfrage (damit zum Beispiel Rohstoffe und Saatgut bezahlt werden können), langfristige Handelsbeziehungen und die Beratung und Förderung von biologischer Landwirtschaft. Dies ist in der Regel bei auf Gewinnmaximierung bedachten Unternehmen nicht der Fall. Hier arbeiten viele Bauern/Erzeuger nicht selten unter dem Existenzminimum und unter unmenschlichen Bedingungen.

Vergleiche drei „fair gehandelte“ Waren mit „handelsüblichen“ Produkten:

Produkt	Honig (Preis/Qualität)	Schokolade (Preis/Qualität)	… (Preis/Qualität)
GEPA			
Discounter			

Was ist dir fair gehandelte Ware wert? Was spricht für – was gegen sie?

____

____

____

____

Das ist doch ungerecht

Für das folgende Projekt ist es wichtig, dass eine kleine, aber kreative und fantasievolle Gruppe den Unterricht vorbereitet, ohne unbeteiligte Schülerinnen und Schüler über das Vorhaben zu informieren. Der Klassenraum muss so umgestaltet werden, dass sich nur drei lange Tischtafeln in ihm befinden, die mit den Nummern 1, 2 und 3 versehen sind. Wenn die Mitschüler den Klassenraum betreten, verteilt die Vorbereitungsgruppe nach dem Zufallsprinzip „Eintrittskarten", die ebenfalls mit den Zahlen 1 bis 3 (in gleicher Anzahl) beschriftet sind. Die Jugendlichen nehmen entsprechend ihrer Zahl an den Tischen Platz. Wenn alle Schülerinnen und Schüler Ihren Platz eingenommen haben, wird die Tür geschlossen und die Klasse wird ohne Kommentar eine kurze Zeit (natürlich unter Aufsicht des Lehrers) allein gelassen. Sodann kommt die Vorbereitungsgruppe mit herrlichen Speisen herein (je nach Möglichkeiten z. B.: frisches Obst, Wurst, Fleisch, edle Fische, Gemüse, Süßspeisen, Säfte, besondere Getränke, verschiedene Brotsorten, Suppe, …) und bedient Tisch Nr. 1 mit besonderer Freundlichkeit und Höflichkeit. Wenn für Tisch 1 umfassend gesorgt ist, werden die Speisen für Tisch 2 geholt (z. B.: Tee, trockene Nudeln, Reis ohne Beilage, Bananen, …). Ist Tisch 2 halbwegs versorgt worden (und natürlich nur mit so wenig Worten wie nötig), wird erst einmal wieder geschaut, wie es Tisch 1 geht (z. B.: Getränke nachreichen). Erst anschließend bekommt Tisch 3 – ohne jeglichen Kommentar – Wasser und trockenes Graubrot hingestellt. Jetzt haben alle Gruppen genügend Zeit, ihr Mahl zu „genießen". Wichtig ist darauf zu achten, dass keine Speisen an die unteren Tische weitergereicht werden dürfen. Abschließend werden alle „Reste" eingesammelt und in die Küche gebracht.

Tauscht euch nun in einem Stuhlkreis aus (auch das Vorbereitungsteam): Was habt ihr gedacht? Wie habt ihr euch gefühlt? Wie war eure Reaktion (Freude, Wut, …)? Was nehmt ihr aus dieser „anderen" Stunde mit?

An die Christen in Deutschland

Im Juli 2009 fand ein internationales Treffen von „Micah Challenge", der weltweiten Micha-Initiative (www.micha-initiative.de) statt. 40 führende Theologen, Kirchenleiter und Leiter christlicher Organisationen aus 20 Entwicklungsländern verfassten den folgenden Brief:

Wir, als Kirche des Herrn aus dem sogenannten „südlichen" Teil der Welt, […] wenden uns an die christliche Familie in Deutschland, eine Kirche desselben Bundes, derselben Liebe und desselben Glaubens. Gnade und Friede all unseren Brüdern und Schwestern.
Wir kennen eure Werke der Liebe; diese Werke haben es Millionen von Menschen in unseren Ländern des Südens ermöglicht, die Gute Nachricht zu hören, die Gnade Jesu Christi und die Macht Seiner Erlösung zu erfahren. […] Dennoch wird die politische, soziale und wirtschaftliche Not dort, wo diese Hoffnung verkündet worden ist, immer größer. Millionen Menschen im globalen Süden sterben an Hunger, Gewalt und Ungerechtigkeit. Diese Armuts- und Leidenssituation ist nicht nur das Ergebnis von Entwicklungen in unseren Ländern; sie ist eher das Ergebnis internationaler Politik der Regierungen, die weltweit Macht ausüben.
Daher halten wir euch Folgendes vor, Brüder und Schwestern: Neben der kraftvollen Verkündigung des Evangeliums haben eure Kirchen ihre Stimmen nicht genug gegen die ungerechten Strukturen erhoben, die durch mächtige Regierungen und Institutionen im globalen Süden entstanden sind – ungerechte Strukturen, welche das Leben und die Umwelt von Millionen von Menschen negativ beeinflussen. Menschen, die nach Jahrhunderten der Verkündigung des Evangeliums immer noch nicht erleben dürfen, dass sie einen Lohn für ihre harte Arbeit erhalten, von dem sie leben können.
Die schlimmer werdende Ungleichheit und Armut im Süden ist alarmierend. Neun Jahre nach dem öffentlichen Versprechen von Deutschland und 191 anderen Nationen, die extreme weltweite Armut bis zum Jahr 2015 durch die acht Millenniums-Entwicklungsziele zu halbieren, hat Euer Land auf dem Weg zur Erfüllung seiner Verpflichtungen nur kleine Schritte gemacht. […]
Und so bitten wir euch als Schwestern und Brüder, Bürger einer reichen Nation, öffentlich eure Wahlkandidaten und Politiker – jetzt und nach den Wahlen – herauszufordern, sich im Kampf für die Halbierung der Armut bis 2015 zu engagieren. Wenn ihr, die ihr die Wahrheit kennt, nicht eure Stimme für uns erhebt, wer wird es tun? Aus Liebe zu uns, der weltweiten Kirche, nutzt die Möglichkeiten bürgerschaftlichen Engagements verantwortlich und in Heiligkeit zum Nutzen für die ganze Welt […]. Wer Ohren hat, der höre, was Gott seiner Gemeinde sagt.

Verfasse einen Antwortbrief! Gehe dabei nicht nur auf die Inhalte und Worte des Briefes ein, sondern auch auf seine Form, seinen Stil und seine Wortwahl.

Abgestempelt?!

Einige Untersuchungen zeigen, dass Kinder aus sozial benachteiligten Familien weniger Entwicklungschancen haben als andere. Oft entscheidet die soziale Herkunft über den weiteren Lebensweg. Viele Jugendliche und Erwachsene fühlen sich daher ausgegrenzt, abgehängt, stigmatisiert.

© T.Plaßmann

Schlage nach und erkläre mit eigenen Worten – auch mit Hilfe der Karikatur – was mit „Stigmatisierung" gemeint ist:

____

____

____

Überlegt gemeinsam, wie man „Stigmatisierung" verhindern kann und wie der Artikel 3 des Grundgesetzes realisiert werden kann. Was müsste sich ändern?

Fremd im eigenen Land

Herr N. arbeitet beruflich im Rheinland. Als er eine attraktive Stelle in Thüringen angeboten bekommt, überlegt er nicht lang und zieht mit seiner Frau und seinen sechs Kindern in eine schöne beschauliche Kleinstadt. Er findet schnell Anschluss, doch seine Frau und seine Kinder bekommen offene und verdeckte Abneigung zu spüren. Frau N. ist in Deutschland aufgewachsen und hat einen deutschen Pass, aber ihre Wurzeln liegen in Indien. Sie hat dementsprechend dunklere Haut, genau wie die sechs Kinder. In manchen Geschäften wird Frau N. schlecht oder unfreundlich bedient, auf der Straße einmal sogar angespuckt. Auch die Kinder werden immer wieder ausgegrenzt. Sie werden zu Geburtstagen kaum eingeladen, immer wieder wegen ihrer Hautfarbe beleidigt und zum Teil sogar körperlich angegriffen. Als ein Kind mit der Stahlbürste versucht, sich die dunkle Haut herunterzureiben und ein Junge erneut schwer körperlich attackiert wird, zieht die Familie die Reißleine. Die Frau und die Kinder „fliehen“ in ihre alte Heimat, ins Rheinland. Herr N. zieht nach, als er wieder eine neue Stelle gefunden hat.

Wie erklärst du dir die Vorbehalte und die Ablehnung, die der Familie N. entgegen schlagen? Wie kommt es zu solchen Aus- und Abgrenzungen bis hin zur Fremdenfeindlichkeit?

Ich habe den Traum,
dass meine vier kleinen Kinder
eines Tages in einer Nation leben werden,
in der man sie nicht nach ihrer Hautfarbe,
sondern nach ihrem Charakter beurteilen wird.

Martin Luther King (1929, t 1968), amerikanischer Bürgerrechtler*

Wonach möchtest du beurteilt werden?

Schulkleidung

In einigen Ländern (z. B. England, Indien, Japan) ist es durchaus üblich, eine Schuluniform zu tragen, oder es ist ein gewisser „Dress-Code“ zu wahren. Seit dem Jahre 2000 haben auch in Deutschland einige Schulen damit begonnen, Schulkleidung einzuführen. Im Gegensatz zur Uniform können die Schülerinnen und Schüler bei der Schulkleidung mitbestimmen und aus einer Kollektion auswählen sowie andere Kleidungsstücke dazu kombinieren.

Einer der Vorreiter in Nordrhein-Westfalen ist die Anne-Frank-Realschule in Düsseldorf, die im Schuljahr 07/08 Schulkleidung eingeführt hat. Nachdem sich mehr als zwei Drittel aller Schüler dafür ausgesprochen hatten und auch die Schulkonferenz zugestimmt hatte, war der Weg frei für das neue Angebot. Verpflichtend ist die neue Schulkleidung nämlich nicht, denn allen Beteiligten ist es wichtig, dass diese aus eigener Überzeugung getragen wird. Besondere Anreize werden aber gesetzt: Zweimal in der Woche geht die Konrektorin durch die Klassen und zählt die Schüler, die Teile der Schulkollektion tragen. Die Klasse, in der die meiste Schulkleidung gezählt wird, hat an diesem Tag keine Hausaufgaben auf.

© Fotos: Anne-Frank-Realschule, Düsseldorf

Erstelle eine Pro- und Kontra-Liste. Welche Möglichkeiten zur Integration und zur Verbesserung des Schulklimas können sich durch die Einführung von Schulkleidung ergeben? Was unterscheidet eine Schuluniform von einer Schulkleidung?

Wohn- und Lebensräume von Kindern

Spätestens beim Nachwuchs hört die Toleranz auf, und man zieht aus „Problemvierteln“ weg in Wohngebiete mit Gleichgesinnten. […] Nicht mehr nur die höchsten Kreise, nicht mehr nur Akademikerfamilien, sondern bereits die breite Mittelschicht grenzt sich massiv nach unten ab. Man könnte hier schon von einer Art „Kontaktsperre“ sprechen.

aus einer Studie der Konrad-Adenauer-Stiftung, 2007

Wohn- und Lebensräume von Kindern und Jugendlichen sind durch familiäre Ressourcen (ökonomischer Status, Bildung) bestimmt. Gute finanzielle Möglichkeiten sind z. B. unabdingbar, um einen Großteil der vorhandenen Freizeitmöglichkeiten wahrnehmen zu können. Zudem sind immer mehr Angebote und Lebensbereiche durch verkehrsgerechte Stadtlandschaften und die Verdrängung der Kinder und Jugendlichen von Straßen und freien Plätzen räumlich voneinander getrennt („verinselte Lebensräume“). Heranwachsende sind oft von der Mobilität und den zeitlichen Ressourcen der Eltern abhängig. Bei entsprechenden finanziellen Möglichkeiten geraten viele Kinder sogar in Terminstress: ihr Tagesplan ist nicht nur mit eigenen Interessen und Hobbys angefüllt, sondern auch fremdbestimmt (Nachhilfe, Musikunterricht, Konfirmandenunterricht, Sport). Es gibt Belege dafür, dass institutionelle Angebote häufiger von Kindern mit hohen familiären Ressourcen wahrgenommen werden.
Mit eingeschränkteren Freizeitmöglichkeiten (und auch Lebens- und Entwicklungschancen) müssen Kinder zurechtkommen, die von Armut betroffen sind. Viele Angebote sind entweder finanziell nicht erschwinglich oder durch die sogenannte „Verinselung“ der Lebensräume selbstständig nicht erreichbar. Manche Kinder und Jugendliche müssen aufgrund der oftmals schwierigen familiären Situation und der beengten Wohnverhältnisse fast ausschließlich auf der Straße leben, ihr Lebensraum ist dann auf einen Stadtteil oder ein paar Straßenzüge reduziert.

Beschreibe dein Wohnumfeld im Hinblick auf die vorhandenen Freizeit- und Bildungsangebote, die städtebaulichen Aspekte (Grünflächen, Wohnflächen …) und die Menschen, die dort leben (Alter, Herkunft …).

Was gefällt dir gut? Was müsste sich ändern? Möchtest du dort wohnen bleiben oder würdest du gern woanders leben? Begründe.

Von allen Seiten

Ein kleines Kind, behütet und geborgen, geschützt durch zwei große Hände: Deine Hände, Gottes Hände ...?
Schreibe in die Hände, ins Bild oder einfach außen herum, was dieses Kind braucht, um sich optimal entwickeln und entfalten zu können.

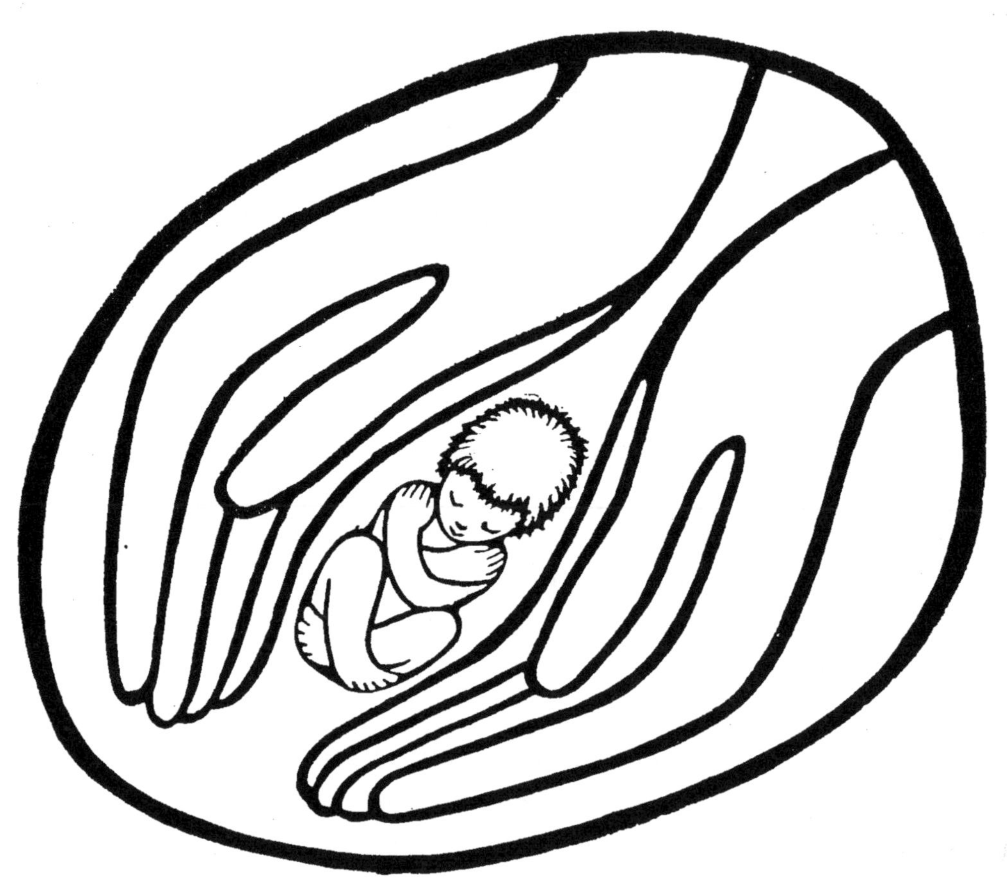

© H.+ H. Steidle

Von allen Seiten umgibst du mich
und hältst deine Hand über mir.

Psalm 139, 5

Geiz ist gottlos

Mit dem Slogan und der Kampagne „Geiz ist gottlos“ setzt sich das Hilfswerk Adveniat für Großzügigkeit und Solidarität ein und spricht sich deutlich gegen eine „Geiz ist geil“-Mentalität aus.

© Adveniat (www.geizistgottlos.de)

Diskutiert in eurer Klasse, ob und warum Geiz gottlos ist. Bibelverse zum Thema findet ihr hier: *Lk 12,15–21; Mt 23,23; Mk 12,41–44; 2. Kor 9,7; Spr 21,26; Spr 23,6f.*

> „Geiz ist die verheerendste aller Menschenseuchen.“
>
> *Seneca (3 v.Chr–65 n.Chr.)*

Vervollständige für dich den folgenden Satz:

Geiz ist gottlos, weil …

____

____

______________________________.

Der Zehnte

Die Abgabe des Zehnten war zu Zeiten der Bibel eine anerkannte Spendengröße. Als Zeichen der Dankbarkeit gegenüber Gottes Güte und Gnade sollte der zehnte Teil des gesamten Einkommens dem Tempel („Heiligtum"), den Leviten (Priester und Tempeldiener) oder Waisen, Witwen und Fremdlingen (Ausländern) gegeben werden, „damit sie keine Not leiden". (vgl. 5 Mose 14,22–29)

Ich finde eine solche Spendengröße als Orientierung …

❑ hilfreich ❑ unnötig ❑ beliebig ❑ gut ❑ eine Frechheit,

weil …

___

___

___

Das könnte ich abgeben:

Spendenbox

Reich?!

Im Tempel von Jerusalem gab es an verschiedenen Stellen Opferkästen, eine Art Spendenbox. Der Evangelist Markus erzählt (Kapitel 12, 41–44), wie Jesus – wahrscheinlich müde vom Debattieren – in der Nähe eines dieser Kästen saß und zusah, wie die Leute Geld hineinwarfen. Viele Wohlhabende spendeten mehr als großzügig. Da kam auch eine arme Witwe vorbei, die „nur" zwei Kupfermünzen in den Opferkasten hineinwarf, was ungefähr dem Lohn einer Viertelstunde Arbeit entsprach. Daraufhin rief Jesus seine Jünger zu sich und sagte zu ihnen: „Diese arme Witwe hat mehr in den Opferkasten geworfen als alle anderen, denn die anderen haben alle nur ein wenig von ihrem Überfluss abgegeben. Aber diese arme Frau hat wirklich alles geopfert, was sie zum Leben hatte."

Das fällt mir dazu ein:

*spendabel*gedankenlos*liebevoll*beschenkt
*verschwenderisch*überschwänglich*wahnsinnig*großzügig*planlos*
naiv*reich*unverantwortlich*gläubig*fahrlässig*vertrauensvoll*weise.

Der deutsche Theologe und Dichter von Kirchenliedern
Gerhard Tersteegen (1697–1769) schrieb:

Reich ist, wer viel hat;
reicher ist, wer wenig braucht;
am reichsten ist, wer viel gibt.

Meine Erfahrung:

Reich ist, ____ ;

reicher ist, ____ ;

am reichsten ist, _____________________________________ .

Der Tiger und der Fuchs

Als der persische Dichter und Mystiker Saadi (1190–1283) einmal gefragt wurde, was Gott denn gegen das Leid tun würde, erzählte er folgende Fabel:

Unterwegs im Wald sah ein Mann einen Fuchs, der seine Beine verloren hatte. Er wunderte sich, wie das Tier wohl überleben konnte.
Dann sah er einen Tiger mit einem gerissenen Wild. Der Tiger hatte sich satt gefressen und überließ dem Fuchs den Rest.
Am nächsten Tag ernährte Gott den Fuchs wiederum mit Hilfe desselben Tigers.
Der Mann war erstaunt über Gottes große Güte und sagte zu sich:
„Auch ich werde mich in einer Ecke ausruhen und dem Herrn voll vertrauen, und er wird mich mit allem Nötigen versorgen."
Viele Tage brachte er so zu, aber nichts geschah und der arme Kerl war dem Tode nahe, als er eine Stimme hörte:
„Du da, auf dem falschen Weg, öffne die Augen vor der Wahrheit! Folge dem Beispiel des Tigers und nimm dir nicht länger den behinderten Fuchs zum Vorbild."

Überlege, was in deinen Augen ein gutes Vorbild ausmacht.
In den Rahmen kannst du ein Foto deines Vorbilds hineinkleben oder sein Bild hineinmalen.

Wie kann man schlechte Vorbilder entlarven?

Jesus sucht und findet … einen Reichen!?

Als Jesus auf dem Weg ist nach Jerusalem, kommt er durch Jericho. Die Menschen haben schon von ihm gehört und warten an den Straßen. Doch sie vermissen seinen Glanz. Sie ziehen sich rasch enttäuscht zurück. Meister, sagt einer von den Zwölf, du müsstest wohl ein Wunder tun? Aber Jesus hört ihn nicht. Er steht bei einem Maulbeerbaum und späht hinauf zur Krone.
Ein seltener Vogel, Meister?, fragt Andreas. Komm, hört er Jesus sagen. Komm rasch herunter, Zachäus. Ich möchte heut dein Gast sein.
Ein kleiner Mann mit rotem Kopf kommt aus den Ästen vorgekrochen. Die reiche Kleidung macht es klar: Er ist ein Zöllner, ein Verräter, einer von denen, die im Namen Roms das Land um seinen Reichtum bringen.
Mein Gast, Herr?, stammelt er. Ja gern, wie wunderbar! Jedoch, warum? Du kannst mich ja nicht mögen!
Ob ich dich mag, Zachäus, das weiß ich doch erst hinterher, sagt Jesus ihm mit einem Augenzwinkern.
Hier entlang, Herr, ruft Zachäus.
Er tänzelt auf dem Weg vor lauter Freude. Was möchtet ihr essen? Was trinkt ihr gern? Oh, ich weiß schon: Ihr seid gar nicht hungrig. Ihr möchtet wohl lieber was hören.
Ich könnte gut einen Happen vertragen, tuscheln die Jünger.
Zachäus öffnet weit die Türen seines Hauses und lädt seine Gäste zu Tisch. Sag mal, fragt einer den Zöllner, was hast du auf dem Baum gemacht?
Zachäus wird verlegen. Ich bin nicht groß, wisst ihr, und nicht beliebt.
Und als nun alle Leute an den Straßen standen – ich aber musste hinten bleiben – da konnte ich nichts sehen.
Ich aber musste … Jesus sehen.
Die meisten waren von Jesu Anblick enttäuscht, sagt Petrus. Du auch?
Wie könnte ich?, ruft da Zachäus. Er suchte mich und hat mich auch gefunden.
Und deshalb, Herr … Auf einmal wirft er sich zu Boden. Du hast ganz Recht. Die Gier verdirbt mein Leben. Ich will das große Geld nicht mehr. Es macht ja keine Freude. Ich gebe es zurück und mehr dazu und will von nun an ehrlich sein.
Später, als sie weitergehen, sieht Andreas fragend Jesus an. Welch seltener Vogel, dieser Zachäus! Du hast über sein Geld kein Wort gesagt. Er aber ändert gleich sein ganzes Leben!

© Martina Steinkühler: Wie Brot und Wein. Das Neue Testament Kindern erzählt, Göttingen 2005, S. 202f.

Lies dir diese Erzählung leise durch. Finde eine eigene Überschrift.

Was sagt die Erzählung über Reichtum. Und warum will sich Zachäus ändern?

Wo kann ich helfen?

Wer weder blind, taub noch völlig hartherzig ist, wird mit unglaublichen Zahlen konfrontiert: Es gibt 925 Millionen hungernde Menschen, Hunderttausende verfolgter Christen und Tausende vernachlässigter Kinder. Wie soll man da bloß allen helfen?

Täglich sehe ich unzählige Plakate von internationalen Spendenorganisationen. An jeder zweiten Straßenecke erinnern sie mich daran, mit wie wenig Hilfe aus meiner Geldbörse ich diese afrikanischen Kinder ernähren könnte. Auch in Deutschland soll ich spenden, damit auch hier arme Kinder eine Chance haben. Das Dilemma ist eindeutig: zu viele Baustellen. Ich fühle mich wie ein global operierender Bauarbeiter. Am liebsten möchte ich natürlich allen helfen. Spenden, spenden und noch mehr spenden. Doch mit der riesigen Anzahl Hilfsbedürftiger bin ich überfordert. Total! Wem gebe ich was? Wen muss ich ignorieren und mit seinem Schicksal alleine lassen? Vor allem die Frage „Wem soll ich wie viel geben?“, kann einen verrückt werden lassen. Wenn man dann spendet, sollte man aber eines nicht haben: Schuldgefühle. Trotzdem habe ich sie immer wieder aufs Neue, jedes Mal wenn ich leise „Nein. Es tut mir leid“ gesagt habe. Ich keinen Euro übrig hatte, keine Obdachlosenzeitung kaufen wollte oder mit gesenktem Blick an einem knienden, frierenden Menschen langen Schrittes vorbeizog. Allein im letzten Jahr mussten durch die gestiegenen Nahrungsmittelpreise 73 Millionen Menschen mehr hungern als im letzten. Und genau das ist der Schlamassel, in dem ich stecke. Ich muss sie ignorieren, weil ich nicht allen helfen kann. Ob Jesus damals schon von einer globalisierten Welt wusste? Egal! Wir werden uns wohl daran gewöhnen müssen, dass es viele Menschen gibt, denen wir gerne etwas abgeben möchten. Und auch, dass wir nicht allen etwas geben können. Aber in einem ist die Bibel genauso deutlich: Etwas zu spenden ist die eine Sache. Wenn man selber nur wenig hat, ist Geld nicht besonders leicht an andere zu verteilen, vor allem nicht an so viele Menschen. Aber hilfsbereit zu sein, andere zu respektieren oder seine Hilfe anzubieten, das kostet schließlich nichts. Oder?

© D. Leiffels (Journalist), Bremen, 2009

Diskutiert diesen in einer kirchlichen Jugendzeitschrift erschienen Kommentar. Könnt ihr die Gedanken des Journalisten nachvollziehen?

Was ist dir wichtig, wenn du anderen hilfst und/oder spendest (z. B. Spendensiegel, dzi-Spendentipps (www.dzi.de/spetips.htm), Hilfen im In- oder Ausland, Kurz- oder Langzeitprojekte, ...)?

Mein Traum

Ich träume von einer Welt, in der …

… alle wissen, dass Menschen zugleich begrenzt und begabt sind. Da wäre niemand unnormal, weil keiner normal wäre.

… die Besonderheit eines Menschen nicht zum Anlass genommen wird, diesen auszulachen, auszugrenzen oder abzuwerten. Da müsste niemand vor seinen eigenen Grenzen weglaufen und niemand hätte es nötig, seine Grenze voller Scham und Angst zu verbergen. Da verlören die Grenzen ihren Schrecken, ja ihre Bedeutung.

… wir unsere festgefahrenen Bilder über Behinderte, Ausländer, Frauen, … aufgeben, weil niemand diesen Bildern entspricht.

… die Menschen lernen, ihre verrückbaren Grenzen zu erweitern, ihre unverrückbaren Grenzen zu akzeptieren und beides voneinander zu unterscheiden. Da würden die Menschen dankbar sein für die vielen Möglichkeiten des Lebens. Und sie würden die Sehnsucht nach dem Unerreichbaren nicht mehr spüren.

… Menschen mit besonders engen Grenzen Hilfsmittel und Hilfsmenschen haben, damit sie am Leben teilhaben können. Wer nicht mitmachen kann, ist dennoch dabei.

… Helfende und Hilfe Suchende einander wie Partner behandeln. Da müsste sich niemand mehr klein fühlen, wenn er um Hilfe zu bittet.

… der Mensch wichtiger ist als seine Leistung. Da würde niemand am Leben verzweifeln müssen, weil er zu nichts mehr nütze ist. Da würde kein Leben verhindert werden, weil es nur eine Last wäre.

… das Wesen eines Menschen wichtiger ist als sein Körper. Da würde das Funkeln in den Augen eines Menschen mehr beeindrucken als makellose Schönheit.

… sich Menschen an ihren Gaben freuen, ohne es nötig zu haben sich über den weniger begabten zu erheben. Welche Gabe haben wir uns schon selbst zu verdanken.

… jeder Mensch als Bereicherung verstanden wird, nicht als Schaden. Da wäre jeder gewiss, meine Würde wird auch dann geachtet, wenn ich nicht mehr für sie einstehen kann.

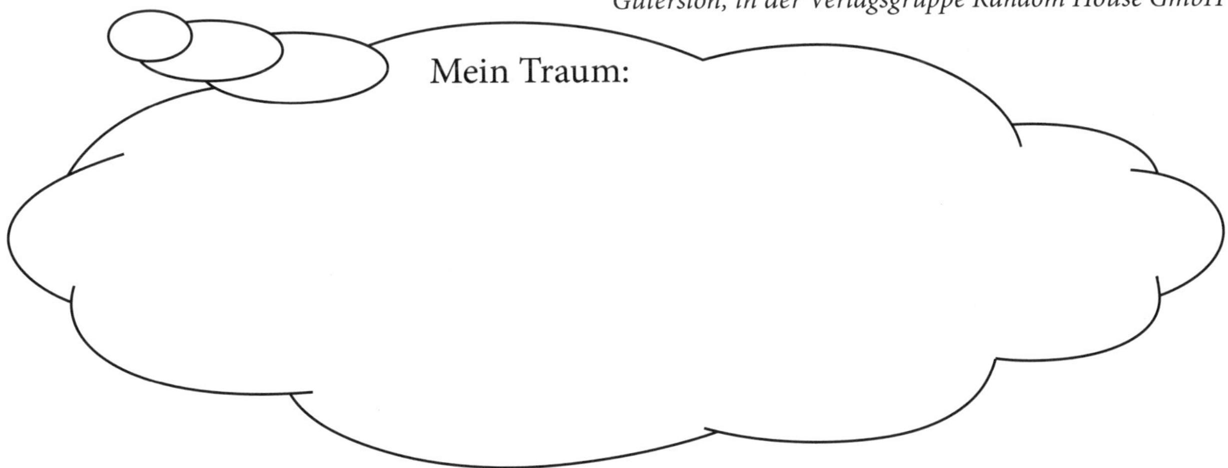

Glücklich sind…

Glücklich sind die, die wissen,
dass sie vor Gott arm sind;
denn ihnen gehört die neue Welt Gottes.
Glücklich sind die,
die an der Not der Welt leiden;
denn sie werden getröstet werden.
Glücklich sind die,
die von Herzen freundlich sind;
denn sie werden die Erde als Erbe erhalten.
Glücklich sind die,
die hungern und dürsten nach der Gerechtigkeit;
denn sie werden satt werden.
Glücklich sind die,
die barmherzig sind;
denn sie werden barmherzig behandelt werden.
Glücklich sind die,
die ein reines Herz haben;
denn sie werden Gott sehen.
Glücklich sind die,
die Frieden stiften;
denn sie werden Kinder Gottes heißen.

Matthäus 5,3–9

Vergleiche den Text mit dem aus deinem Neuen Testament. Was stellst du fest?

Jesu Bergpredigt hat Menschen immer wieder herausgefordert, begeistert und inspiriert (z. B. Mahatma Gandhi, Martin Luther King), aber auch Ablehnung erfahren, da es sich in den Augen der Kritiker um einen utopischen und nicht umsetzbaren Entwurf handelt.

Markiere die Verse farbig, die dir auf der Seele liegen oder die dir nahe gehen. Was bedeutet dir die Bergpredigt?
In meinen Augen ist die Bergpredigt ______________________________

Gottes Verheißungen

Der Theologe Dietrich Bonhoeffer (1906,–1945) schrieb einmal:

„Nicht alle unsere Wünsche,
aber alle seine Verheißungen erfüllt Gott"

Erkläre mit eigenen Worten, was „Verheißungen" sind!
Welche Verheißungen kennst du?

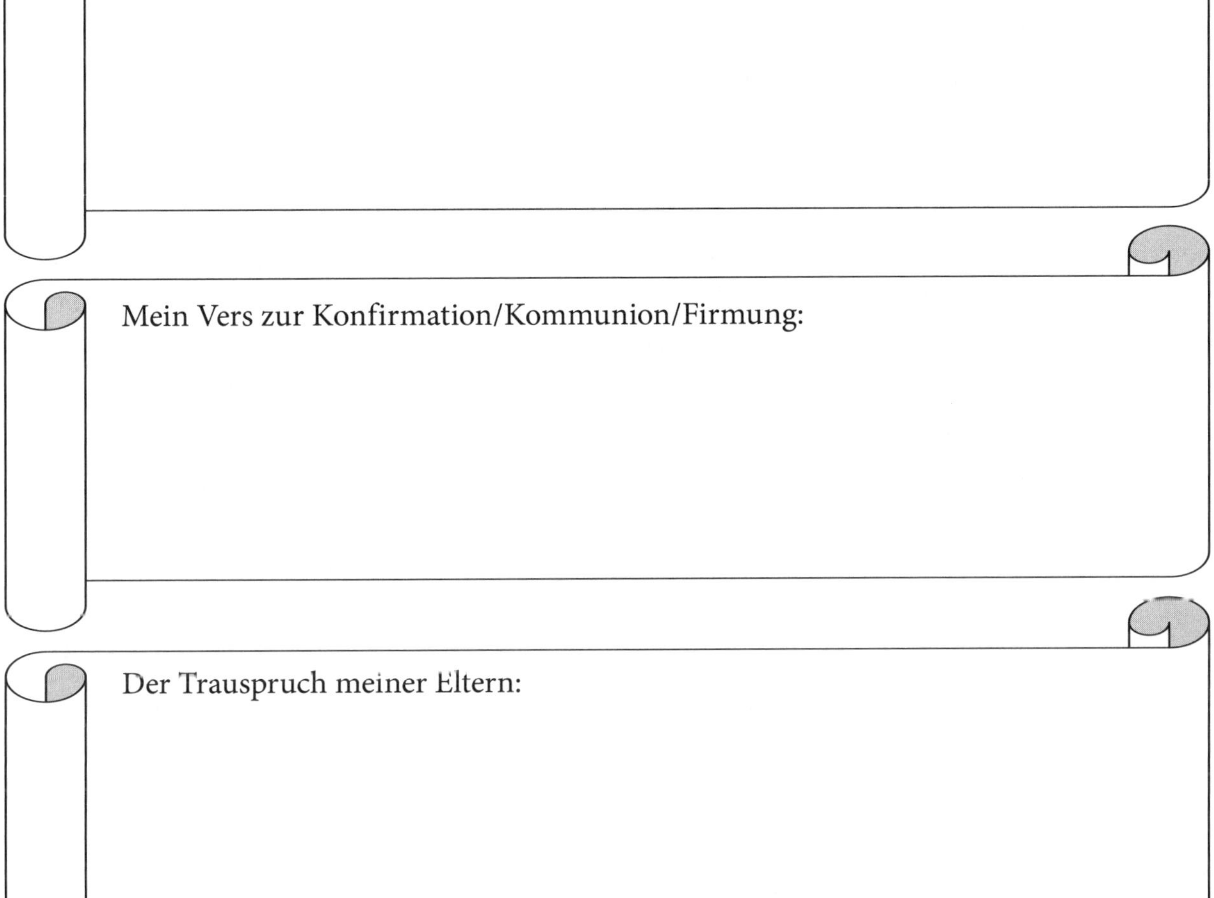

Sammelt alle Verheißungen, die ihr gefunden habt, und ordnet sie thematisch (Mut und Kraft, Freude, Trauer…).

Deine Stimme gegen Armut

Alle drei Sekunden stirbt ein Kind an den Folgen extremer Armut. Eine Zahl, die schockiert und die Regierungschefs der Vereinten Nationen dazu bewogen hat, im Jahre 2000 eine Millenniumserklärung (www.unric.org) zu unterzeichnen, in der sie sich das Ziel gesetzt haben, bis 2015 die Anzahl der in extremer Armut lebenden Menschen auf die Hälfte zu senken.

Inzwischen steht es schlecht um dieses Ziel und das, obwohl es eine Menge Mittel gäbe, die Armut erfolgreich zu bekämpfen. Die Kampagne „Deine Stimme gegen Armut“, die vom Bundesverband entwicklungspolitischer Nichtregierungsorganisationen (VENRO) und von vielen prominenten Unterstützern getragen wird, möchte die Staats- und Regierungschefs an die acht Millenniumsentwicklungsziele erinnern und fordert sie auf, „ihr Wort zu halten“. Durch verstärkte öffentliche Aufmerksamkeit sollen sie gedrängt werden, ihrer Verantwortung nachzukommen. Deshalb zählt das Engagement jedes Einzelnen, sich an den weltweiten Aktionen gegen Armut zu beteiligen und seine Stimme gegen Armut zu erheben.

Informiere dich auf www.deine-stimme-gegen-armut.de über laufende Aktionen und stelle sie in der Klasse/Schule vor.

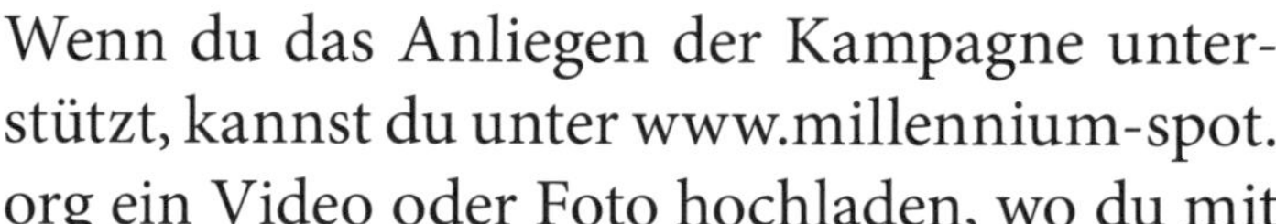

Wenn du das Anliegen der Kampagne unterstützt, kannst du unter www.millennium-spot.org ein Video oder Foto hochladen, wo du mit dem Finger schnippst und daran erinnerst, dass alle drei Sekunden ein Kind an den Folgen extremer Armut stirbt.

Der Superpate

Erstelle für das Plakat einen eigenen Werbespruch, mit dem du deine Mitschüler für eine „gute Sache“ motivierst.

Ehrenamt-Agentur

Im Jahr 2005 wurde die „Ehrenamt Agentur Essen e. V." mit dem Ziel gegründet, die Zahl ehrenamtlich aktiver Menschen zu vergrößern und die Bereitschaft vieler Unternehmen zu wecken, sich für gemeinnützige Projekte in Essen zu engagieren. Der Verein ist unabhängiger, konfessions- und trägerübergreifender Partner für alle Generationen, Unternehmen, Einrichtungen, Verbände und Initiativen sowie für alle Themen und Formen des Bürgerengagements in Essen. Er vermittelt Ehrenamtliche und Freiwillige an sportlich, kulturell, sozial und ökologisch engagierte (Hilfs-) Organisationen. Darüber hinaus wird für die (Weiter)-Qualifizierung von Ehrenamtlichen gesorgt. Zudem möchte die „Ehrenamt Agentur Essen" bewusst machen, dass freiwillig zu helfen nicht nur heißt, Gutes für andere zu tun, sondern auch für sich selber einen „Gewinn" daraus zu ziehen.

Engagierst du dich ehrenamtlich? Wenn ja, welchen persönlichen Gewinn hast du schon aus deiner Mitarbeit gezogen? Wenn nein, welche Erfahrungen würdest du gern durch eine ehrenamtliche Tätigkeit machen?

Mein Ehrenamt: ______________________________

Meine Ehrfahrungen: ______________________________

____

Diskutiert, ob ihr in eurer Schule auch eine „Ehrenamt-Agentur" im Kleinen initiieren könntet:

- Wer könnte an eurer Schule besonders davon profitieren?
- Welche Hilfen könntet ihr vermitteln (z. B. Nachhilfe, Hausaufgabenbetreuung, Streitschlichtung, Patenschaften)?
- Welche Rahmenbedingungen sind dafür nötig?
- Wer kann euch dabei unterstützen (Schulleitung, Sponsoren, usw.)?

Ehrenamtagentur der ________________-Schule

Angaben zur Person

Vorname: ____________________ Nachname: ____________________

Klasse: _________ Alter: _________ Geschlecht: ____________________

Telefon: ____________________ E-Mail: ________________________

Führerschein: ja/nein ÖPNV: ja/nein

Einschränkungen/Besonderheiten/Voraussetzungen für meine Tätigkeit:

Rahmenbedingungen

einmaliger Einsatz [ ] befristeter Einsatz [ ] Projektarbeit [ ]

zeitlicher Umfang: bis 3 Std. [ ] 3–6 Std. [ ] nach Möglichkeit [ ]
(pro Woche)

Wochentag: Mo [ ] Di [ ] Mi [ ] Do [ ] Fr [ ] Sa [ ] So [ ]

Zeit: vormittags [ ] nachmittags [ ] abends [ ] egal [ ]

Klassenstufen: 1–4 [ ] 5–7 [ ] 8–10 [ ] 11–13 [ ]

Meine Sozialkompetenzen

Belastbarkeit [ ] Durchsetzungsvermögen [ ] Eigeninitiative [ ]
Ideenreichtum [ ] Kommunikation [ ] Kontaktfreude [ ]
Teamfähigkeit [ ] Toleranz [ ] Zuverlässigkeit [ ]

Meine Fachkompetenzen

Sprachen: __________ [ ] Unterrichtsfach: __________ [ ] Coaching [ ]
PC-Kenntnisse [ ] Handwerk/Technik [ ] Sport [ ]
Kultur/Literatur/Musik [ ] Patenschaft [ ] Streitschlichtung [ ]

Ruhe finden

Leider gibt es immer mal wieder Situationen, in denen man nicht mehr kann, keinen Ausweg sieht, ruhelos oder erschöpft ist. Jesus spricht in eine solche Situation hinein:

Kommt alle her zu mir, die ihr müde seid und schwere Lasten tragt, ich will euch Ruhe schenken.

Matthäus 11,28

Wie/wo kommst du zur Ruhe?
Wie kann Jesus dir deine Hände/dein Herz füllen?
Welche Lasten kann Er dir abnehmen?

© Hermann Steidle

Ein Gebet: Gott, gebe mir die Gelassenheit, Dinge hinzunehmen, die ich nicht ändern kann; den Mut, Dinge zu ändern, die ich ändern kann; und die Weisheit, das eine vom anderen zu unterscheiden. Amen

Wie kann es weitergehen?

Das Thema „Armut, Reichtum und Teilen" hat dich jetzt über eine längere Zeit begleitet. Doch kann man damit so einfach „fertig" sein? Vielleicht sind dir Ideen gekommen, wie das Thema bleibende Spuren hinterlässt!? Wo in deinem Leben kann das Thema Armut, Reichtum und Teilen künftig vorkommen? Wie kann es zu „reichen" Veränderungen kommen?

> Besser als zu streiten, wie ein Feuer entstand, ist: es zu löschen.
>
> *Johann Amos Comenius (1592–1670)*

Die folgende Liste enthält einige Anregungen.
Erweitere sie durch deine Ideen:

- Spendenlauf
- Gründung einer „Ehrenamtagentur"
- Hausaufgabenhilfe, Nachhilfe, Sprachkurse
- Übernahme einer Kinderpatenschaft
- „Faire Produkte" im Schulkiosk
- Aktionstag/Projektwoche zum Thema
- Ein „bereichernder" Gottesdienst

Foto: Sponsorenlauf des Cusanus Gymnasiums der Stadt Erkelenz -Europaschule

Wenn uns Armut begegnet…

Auf den Seiten, die du bearbeitet hast, bist du verschiedenen Formen von Armut begegnet. Die Impulse, Informationen und Ideen sollten anregen, aufregen und etwas bewegen. Denn das Thema „Armut“ wird auch weiterhin in deinem Leben eine Rolle spielen. So oder so. Das hängt *auch* von dir ab, doch nicht *nur* …

Das hat gut getan …

Das habe ich verstanden …

Das hat mich erschreckt …

Fragen sind geblieben …

Das will ich angehen …

Deine nächsten Schritte
musst du zwar selbst gehen, aber nicht allein.